# 《黄帝内经》修辞与翻译研究

## Research on Rhetorical Devices and Their Translations in *Huangdi Neijing*

孔冉冉　李成华　邱　冬　等著

撰著人员名单：孔冉冉　李成华　邱　冬　杨　凡
　　　　　　　周　茜　赵　栋　杨海英　王丽君
　　　　　　　韩东强　崔燕花

- 山东中医药大学中医话语特征与中医翻译青年科研创新团队和英语专业建设成果
- 山东省社会科学规划研究项目(23CRWJ18)、山东省人文社会科学课题(2022-JCWX-05)成果

苏州大学出版社

图书在版编目(CIP)数据

《黄帝内经》修辞与翻译研究 = Research on Rhetorical Devices and Their Translations in Huangdi Neijing/孔冉冉等著. --苏州：苏州大学出版社，2024.7. -- ISBN 978-7-5672-4800-7

Ⅰ. H15；H315.9

中国国家版本馆 CIP 数据核字第 2024A9M909 号

| | |
|---|---|
| 书　　名 | 《黄帝内经》修辞与翻译研究<br>Research on Rhetorical Devices and Their Translations in *Huangdi Neijing* |
| 作　　者 | 孔冉冉　李成华　邱　冬　等著 |
| 责任编辑 | 汤定军 |
| 策划编辑 | 汤定军 |
| 装帧设计 | 吴　钰 |
| 出版发行 | 苏州大学出版社(Soochow University Press) |
| 社　　址 | 苏州市十梓街1号　邮编：215006 |
| 印　　刷 | 广东虎彩云印刷有限公司 |
| 网　　址 | www.sudapress.com |
| E - mail | tangdingjun@suda.edu.cn |
| 邮购热线 | 0512-67480030 |
| 销售热线 | 0512-67481020 |
| 开　　本 | 700 mm×1 000 mm　1/16　印张：12.5　字数：200千 |
| 版　　次 | 2024年7月第1版 |
| 印　　次 | 2024年7月第1次印刷 |
| 书　　号 | ISBN 978-7-5672-4800-7 |
| 定　　价 | 68.00元 |

凡购本社图书发现印装错误，请与本社联系调换。服务热线：0512-67481020

# 前 言

《黄帝内经》是我国现存的第一部完整医学典籍,历代医家对中医理法方药的阐释多发轫于此,2011年入选《世界记忆名录》,其医学和文化价值得到举世公认。

《黄帝内经》的思想体系源自远古时代,其文古奥,其理玄密,讲究音韵,注重修辞。《黄帝内经》在修辞运用上具有极高水准,不仅运用了生活中常见的譬喻、比拟、排比等修辞手法,还运用了联珠、辟复、互文、讳饰等卓异修辞之法,全面阐释了天地人关系,人的生理、病理状况,疾病的预防、诊断、诊疗等,体现了中医特有的思维模式。钱超尘教授曾评价,全面系统地研究《黄帝内经》修辞,对于正确领会和掌握《黄帝内经》的经义有着十分重要的意义。

自20世纪80年代以来,《中医文言修辞》《内经语言研究》《〈黄帝内经〉研究大成》《〈黄帝内经〉修辞研究》《〈黄帝内经〉百年研究大成》等从不同角度概括了《黄帝内经》的修辞学特征,对于阐述中医理论、弘扬中医文化具有推动作用。随着中华文化自信的提升和中医药国际传播进程的加快,我们不仅要传播中医养生保健和诊疗技术,还要凸显中医独有的思维和文化,对《黄帝内经》修辞的解读和翻译无疑是重要的切入点。

山东中医药大学中医话语特征与中医翻译青年科研

创新团队对《黄帝内经》古今几十种版本进行校勘，选定人民卫生出版社2012年出版的《黄帝内经素问》《灵枢经》为蓝本；收集中外修辞学著作30多种，以陈望道《修辞学发凡》构建的修辞理论搭建研究框架，把《黄帝内经》的修辞分为材料、意境、词语、章句四个层面18种修辞格；以具有较大影响的我国学者李照国教授、德国医史学家文树德教授、旅美华人中医师吴氏父子的英文全译本为对象，进行修辞翻译对比研究；搜集相关论文数百篇，进行分类梳理。这些为本研究提供了充足的学术资料。

闻道有先后，术业有专攻。研究团队进行了合理分工，总论部分由李成华、孔冉冉、崔燕花完成，譬喻部分由孔冉冉完成，借代、双关部分由王丽君完成，映衬、摹状部分由杨海英完成，比拟、夸张部分由邱冬完成，避讳、设问、感叹部分由韩东强完成，省略、警策、互文部分由杨凡完成，反复、对偶部分由赵栋完成，排比、层递、顶针部分由周茜完成。全书由孔冉冉、李成华、邱冬负责统稿。

书稿既竣，即将付梓。感谢专家提出的意见和建议，向引文作者表示诚挚谢意。因水平有限，讹误之处在所难免，敬请读者提出宝贵意见。

- **总　论** / 001

  第一节　《黄帝内经》修辞概说 / 001

  　　一、《黄帝内经》的修辞学价值 / 002

  　　二、《黄帝内经》的修辞学特征 / 002

  　　三、小结 / 009

  第二节　《黄帝内经》修辞翻译概说 / 010

  　　一、《黄帝内经》修辞翻译研究概况 / 010

  　　二、李照国《黄帝内经》修辞翻译 / 011

  　　三、文树德《黄帝内经》修辞翻译 / 012

  　　四、吴氏《黄帝内经》修辞翻译 / 014

- **第一章　《黄帝内经》的材料修辞与翻译** / 015

  第一节　譬喻 / 015

  　　一、譬喻的概念 / 015

  　　二、譬喻的分类 / 016

  　　三、《黄帝内经》与譬喻 / 017

  　　四、《黄帝内经》譬喻翻译的对比研究 / 030

  　　五、譬喻翻译对文化传播的启示 / 042

  第二节　借代 / 043

  　　一、借代的概念 / 043

  　　二、借代的分类 / 044

  　　三、《黄帝内经》与借代 / 045

  　　四、《黄帝内经》借代翻译的对比研究 / 048

  　　五、借代翻译对文化传播的启示 / 053

  第三节　双关 / 054

  　　一、双关的概念 / 054

  　　二、双关的分类 / 055

  　　三、《黄帝内经》与双关 / 056

  　　四、《黄帝内经》双关翻译的对比研究 / 057

  　　五、双关翻译对文化传播的启示 / 060

第四节　映衬 / 061

一、映衬的概念 / 061

二、映衬的分类 / 062

三、《黄帝内经》与映衬 / 062

四、《黄帝内经》映衬翻译的对比研究 / 064

五、映衬翻译对文化传播的启示 / 071

第五节　摹状 / 071

一、摹状的概念 / 071

二、摹状的分类 / 072

三、《黄帝内经》与摹状 / 073

四、《黄帝内经》摹状翻译的对比研究 / 076

五、摹状翻译对文化传播的启示 / 080

● **第二章　《黄帝内经》的意境修辞与翻译 / 081**

第一节　比拟 / 081

一、比拟的概念 / 081

二、比拟的分类 / 082

三、《黄帝内经》与比拟 / 083

四、《黄帝内经》比拟翻译的对比研究 / 086

五、比拟翻译对文化传播的启示 / 094

第二节　夸张 / 094

一、夸张的概念 / 095

二、夸张的分类 / 096

三、《黄帝内经》与夸张 / 097

四、《黄帝内经》夸张翻译的对比研究 / 099

五、夸张翻译对文化传播的启示 / 101

第三节　避讳／102

　　一、避讳的概念／102

　　二、避讳的分类／103

　　三、《黄帝内经》与避讳／104

　　四、《黄帝内经》避讳翻译的对比研究／106

　　五、避讳翻译对文化传播的启示／108

第四节　设问／108

　　一、设问的概念／108

　　二、设问的分类／109

　　三、《黄帝内经》与设问／110

　　四、《黄帝内经》设问翻译的对比研究／112

　　五、设问翻译对文化传播的启示／114

第五节　感叹／114

　　一、感叹的概念／114

　　二、感叹的分类／115

　　三、《黄帝内经》与感叹／116

　　四、《黄帝内经》感叹翻译的对比研究／117

　　五、感叹翻译对文化传播的启示／120

● 第三章　《黄帝内经》的词语修辞与翻译／122

第一节　省略／122

　　一、省略的概念／122

　　二、省略的分类／123

　　三、《黄帝内经》与省略／124

　　四、《黄帝内经》省略翻译的对比研究／127

　　五、省略翻译对文化传播的启示／131

## 第二节 警策 / 131

一、警策的概念 / 131

二、警策的分类 / 132

三、《黄帝内经》与警策 / 133

四、《黄帝内经》警策翻译的对比研究 / 135

五、警策翻译对文化传播的启示 / 138

## 第三节 互文 / 138

一、互文的概念 / 139

二、互文的分类 / 139

三、《黄帝内经》与互文 / 140

四、《黄帝内经》互文翻译的对比研究 / 142

五、互文翻译对文化传播的启示 / 145

# ● 第四章 《黄帝内经》的章句修辞与翻译 / 147

## 第一节 反复 / 147

一、反复的概念 / 147

二、反复的分类 / 148

三、《黄帝内经》与反复 / 148

四、《黄帝内经》反复翻译的对比研究 / 151

五、反复翻译对文化传播的启示 / 154

## 第二节 对偶 / 155

一、对偶的概念 / 155

二、对偶的分类 / 156

三、《黄帝内经》与对偶 / 156

四、《黄帝内经》对偶翻译的对比研究 / 160

五、对偶翻译对文化传播的启示 / 163

第三节 排比／164

一、排比的概念／164

二、排比的分类／165

三、《黄帝内经》与排比／165

四、《黄帝内经》排比翻译的对比研究／167

五、排比翻译对文化传播的启示／171

第四节 层递／171

一、层递的概念／171

二、层递的分类／172

三、《黄帝内经》与层递／173

四、《黄帝内经》层递翻译的对比研究／174

五、层递翻译对文化传播的启示／178

第五节 顶针／179

一、顶针的概念／179

二、顶针的分类／180

三、《黄帝内经》与顶针／180

四、《黄帝内经》顶针翻译的对比研究／182

五、顶针翻译对文化传播的启示／186

# 总 论

## 第一节 《黄帝内经》修辞概说

修辞学是一门古老的学问。我国的修辞起源于辩论和游说盛行的春秋战国时期①，自汉代以后便转入书面修辞②。"修辞"一词最早见于《易经》"修辞立其诚"之说。③ 孔子的《春秋》是中国修辞学开创的标志，南朝刘勰的《文心雕龙》使中国修辞学走向成熟，南宋陈骙的《文则》是中国修辞学再发展的标志。现代陈望道的《修辞学发凡》是中西方修辞学结合的典范，修辞学大师周振甫先生曾评价："《修辞学发凡》无论在辞格的分类还是辞格内容的丰富程度上，都超过了《修辞学》《修辞学通诠》等论著。"④陈望道的《修辞学发凡》是现代修辞学理论的奠基之作，探讨了修辞学积极修辞和消极修辞的两大分野，将积极修辞分为材料修辞、意境修辞、词语修辞、章句修辞四类，为《黄帝内经》修辞研究提供了理论框架。《黄帝内经》是中医学的圭臬，运用多种修辞格使其语言生动、论理深刻、释理易懂，具有鲜明的修辞学特征，《黄帝内经》修辞学研究为阐释中医理论和理解中医思维模式提供了新视角。

---

① 蓝纯. 修辞学：理论与实践[M]. 北京：外语教学与研究出版社，2010：4-8.
② 易蒲，李金苓. 汉语修辞学史纲[M]. 长春：吉林教育出版社，1989：4-5.
③ 陈望道. 修辞学发凡[M]. 上海：复旦大学出版社，2008：1.
④ 周振甫. 中国修辞学史[M]. 南京：江苏教育出版社，2005：688.

## 一、《黄帝内经》的修辞学价值

《黄帝内经》由《素问》和《灵枢》两部分组成,各 81 篇,是我国现存最早的系统论述中医理法的典籍,入选《世界记忆名录》。① 中医学的发展得益于诊疗技术,但其文化层面的内容决定了传统医学的性质归属。② 《黄帝内经》不仅是一部总结两千年前中医医疗技术的医典,也具有很高的文学水准和修辞学研究价值。20 世纪 80 年代以来,《中医文言修辞》《内经语言研究》《〈黄帝内经〉研究大成》《〈黄帝内经〉修辞研究》《〈黄帝内经〉百年研究大成》等著作从不同角度研究了《黄帝内经》的修辞学特征,对于阐发中医理论、弘扬中医文化具有推动作用。钱超尘教授曾评价,全面系统地研究《黄帝内经》修辞,对于正确领会和掌握《黄帝内经》的经义有着十分重要的意义。③

## 二、《黄帝内经》的修辞学特征

现代修辞学奠基者陈望道将积极修辞分为材料修辞、意境修辞、词语修辞、章句修辞 4 类,共 38 种辞格,几乎囊括了所有的语言修辞现象。本书据此对《黄帝内经》常用的修辞格进行研究,以期为解读中医思维、明晰中医学理论、明确治则治法提供新视角。

### (一) 材料修辞

材料修辞多是基于意象转移和比较形成的用熟悉事物阐释陌生事物的修辞格,包含譬喻、借代、映衬、双关、摹状、引用、仿拟、黏连、移就等。《黄帝内经》中以譬喻、借代、映衬居多。

---

① 李照国.《黄帝内经》的修辞特点及其英译研究[J]. 中国翻译,2011,32(5):69-73.
② 高振,董竞成. 中国传统医学:从技术到文化[J]. 中国中西医结合杂志,2020,40(12):1505-1509.
③ 班兆贤.《黄帝内经》修辞研究[M]. 北京:中医古籍出版社,2009:1.

1. 譬喻

譬喻，又称比喻，依据本体、喻体和喻词的隐现分为明喻、暗喻、借喻三类，在《黄帝内经》中运用近300次，是使用频次最高的修辞格①，常用来阐释复杂的藏象理论和脉象学说，使医理阐释更透彻、语言表达更形象。《素问·平人气象论》有"平心脉如循琅玕、平肺脉如落榆荚、平肝脉如揭长竿末梢、平脾脉如鸡践地、平肾脉如钩"之论，运用明喻，以"循琅玕"等为喻体，以"如"为比喻词，阐释五脏平脉之状，使抽象的脉象形象化，复杂的理论浅显易懂。《素问·灵兰秘典论》是运用暗喻、以熟知的官职为喻体阐释脏腑功能和地位关系的典范。如"心者，君主之官也"，将"心"比作"君主"，以阐释心主神明之功能和心为五脏六腑之大主的地位。《素问·脉要精微论》有"以春应中规，夏应中矩，秋应中衡，冬应中权"之说，说明四季正常脉象特点，《素问·阴阳应象大论》有"善诊者……观权衡规矩，而知病所主"之论，是运用借喻阐释观察脉象而知病在何脏之理。譬喻修辞不仅使《黄帝内经》的语言更生动，还有助于阐释复杂的中医理论，为我们理解中医学的理法方药提供了新的视角。

2. 借代

借代是不直接把要表述的人或事说出来，而是借用相关的名称来代替的修辞格。②《素问·上古天真论》"春秋皆度百岁"和"尽终其天年"之论即以"春秋""天年"代寿命，避免语言表达晦涩。《素问·阴阳应象大论》有"清阳出上窍，浊阴出下窍；清阳发腠理，浊阴走五脏；清阳实四肢，浊阴归六腑"之论，"清阳""浊阴"皆为借代用法，但含义各异。出上窍、下窍之清阳、浊阴实为在脾气上升作用下向上运行的精微物质和糟粕，发腠理、走五脏之清阳、浊阴实为人体之卫气和营气，实四肢、归六腑之清阳、浊阴实为富含营养之精气和有形饮食物与糟粕。弄清借代所指，对于正确理解中医医理、梳理经义、明晰中医脏腑特征具有重要作用。

---

① 王水香.《黄帝内经》文学性修辞手法探析[J]. 淮海工学院学报（人文社会科学版），2017, 15（3）: 39-44.
② 班兆贤.《黄帝内经》修辞研究[M]. 北京：中医古籍出版社, 2009: 126.

### 3. 映衬

映衬，又称对照，是把不同事物或相同事物的不同方面放在一起加以比较的修辞格，以突出事物某方面的特征。①《素问·上古天真论》有"上古之人，春秋皆度百岁，而动作不衰；今时之人，年半百而动作皆衰"之论，以上古"知道"之人尽终其天年和今时"逆道"之人半百而衰互相衬托，先论上古之人遵循养生之道，继而引出今时之人如何养生之理。《素问·阴阳应象大论》以天地、男女、水火相互映衬说明阴阳对立特征，《素问·平人气象论》以春弦、夏钩、秋毛、冬石四时平脉与异常脉象对照得脉病之理。映衬修辞将要表达的事物特征与同类事物对照，凸显其区别性的特征，如对照阴阳之道，映衬违背阴阳之病，对照上古之人养生之道，映衬当时之人养生之要，藏象常变对照，表明脏腑病理特点等。映衬辞格一改传统叙述视角，常变对照，为理解中医揆度奇恒的思维模式提供了新思路。

### （二）意境修辞

意境修辞多是基于语境形成的依托社会或语言环境理解的修辞格，包含比拟、夸张、避讳、设问、感叹、讽喻、示现、呼告、倒反、婉转等。《黄帝内经》中比拟、避讳、设问应用较多。

### 1. 比拟

比拟包含拟人和拟物两类，即把物当作人、把人当作物或把物当作物来描述，使人印象深刻，妙语解颐。②《黄帝内经》常用比拟辞格阐释脏腑喜恶和情志相胜关系。《素问·宣明五气》中有"心恶热，肺恶寒，肝恶风，脾恶湿，肾恶燥"之论，将五脏拟人以阐释五脏习性。《素问·阴阳应象大论》中有"悲胜怒、恐胜喜、怒胜思、喜胜忧、思胜恐"之说，将七情关系比拟为人与人之间的胜负关系。《素问·五常政大论》有"故乘危而行，不速而至，暴虐无德，灾反及之"之言，类以人之"无德"论六气关系，言岁运不及，所不胜之

---

① 班兆贤.《黄帝内经》修辞研究[M]. 北京：中医古籍出版社，2009：169.
② 班兆贤.《内经》修辞举隅[J]. 山东中医学院学报，1989，13（2）：37-38.

气乘虚侵入,反招灾害。《灵枢·五味论》有"五味入于口也,各有所走",《灵枢·九针论》有"酸走筋,辛走气,苦走血,咸走骨,甘走肉"之述,将五味比拟行走动作,生动形象地说明五味在人体的循行及特征。《灵枢·逆顺肥瘦》说:"手之三阴,从脏走手;手之三阳,从手走头。足之三阳,从头走足;足之三阴,从足走腹。"用"走"说明经络循行动态不息,将复杂的经络循行形象有序地展现出来。比拟修辞为理解抽象的情志关系、五运六气和经络学说提供了具体可循的路径。

2. 避讳

避讳,又称讳饰,是遇有犯忌触讳的事物不便直说,用旁的话来回避掩盖或装饰美化的修辞格。① 避讳为中国特有风俗,其俗起于周,成于秦,盛于唐宋。② 因古人对人体某些器官、病名、生死、称谓等忌讳颇多,成书于秦汉之际的《黄帝内经》在语言表达上亦受这一环境影响,存在大量避讳修辞。如以"魄门"讳饰肛门,以"阴器""宗筋""篡间"讳饰生殖器,以"醉以入房""阴阳和""两精相搏""两神相搏"讳饰男女交媾,以"泾溲不利""不得前后""仓廪不藏""水泉不止"讳饰大小便不利之症,以"度百岁乃去""百日尽已"讳饰人之死。避讳修辞不仅使《黄帝内经》更具文学色彩,对于古文校勘、理解古奥医籍和辨别版本真伪具有一定意义。③

3. 设问

设问,又称问语、设疑,是故意从正面或反面提出疑问的一种修辞方式,以引起听众或读者注意。从正面提出疑问或者有疑而问,称为正问或提问;从反面提出提问或者无疑而问,称为反问、反诘或激问。《黄帝内经》以黄帝与臣子的对话为主要呈现形式,必然会出现大量的设问修辞。如《素问·上古天真论》有"时世异耶?人将失之耶?"对今时之人半百而衰者的疑问,"人年老而无子者,材力尽邪?"对老而无子的疑问,"有其年已老而有子者何

---

① 陈望道. 修辞学发凡[M]. 上海:复旦大学出版社,2008:111.
② 陈垣. 史讳举例[M]. 北京:科学出版社,1958:1.
③ 蔡铁如. 中医古籍中的避讳及其在文献研究中的作用探讨[J]. 南京中医药大学学报(社会科学版),2017,18(3):161-164.

也?"对老而得子的疑问,凡此种种。《黄帝内经》多通过正问方式提出问题,通过解答医学问题,阐释中医学理论和治则治法。反问,非有疑而问,而是借反问语气表达肯定意义。如《素问·天元纪大论》有"夫五运阴阳者,天地之道也,万物之纲纪,变化之父母,生杀之本始,神明之府也,可不通乎!"之论,说明通晓五运阴阳的重要性;《素问·四气调神大论》有"夫病已成而后药之,乱已成而后治之,譬犹渴而穿井,斗而铸锥,不亦晚乎!"之说,阐释未病先防的重要意义,凡此种种。《黄帝内经》多通过反问强调知晓医学常识和基础理论的重要性。

### (三) 词语修辞

省略、警策、互文、析字、藏词、飞白、镶嵌、复叠、节缩、折绕、转品等辞格归为词语修辞,这类修辞主要表现在字面表达上。《黄帝内经》中运用较多的是省略和警策。

#### 1. 省略

省略包含积极省略和消极省略两种,前者可省略不写或只写一二语了之,后者再分蒙上省略和探下省略两类。① 《黄帝内经》的省略多为只写一二语的积极省略和蒙上消极省略。《素问·奇病论》论及胆瘅之病,有"治之以胆募俞,治在《阴阳十二官相使》中"之说,经文只说明治疗部位,具体治法经文一语带过,读《阴阳十二官相使》得其法。《素问·评热病论》提及"风水"之病名,又言"论在《刺法》中",与《刺法》所论风水互参。《素问·腹中论》中关于"伏梁"之病的治疗,亦有"论在《刺法》中"之说。《素问·病能论》中关于"人之不得偃卧者"的治疗,有"论在《奇恒阴阳》中"之说。《素问·上古天真论》以女子七七、男子八八论生长发育过程,因所论皆同,"二七""三七"等前均省略主语"女子","二八""三八"等前均省略"男子"以避免重复而求连贯。《素问·阴阳应象大论》以"病之始起也,可刺而已;其盛,可待衰而已"论疾病治疗规律,病初发可用刺法,病盛可待其衰后用刺法,经文省略

---

① 陈望道. 修辞学发凡[M]. 上海:复旦大学出版社,2008:148-150.

"可刺"。省略在《黄帝内经》中随处可见,有学者统计《素问》前34章运用省略的频次为997次①,《素问》全文"之""其""此""是""何""者""所"等代词的使用频次分别高达3.3%、2.2%、0.4%、0.3%、0.6%、1.9%、0.7%。② 省略修辞避免了重复叙述造成的累赘,体现了中医古籍言简意赅的语言特征,正确理解省略修辞是准确诠释中医理论的前提。

2. 警策

警策,又称精警、警句,是语简言奇而含意精切动人的修辞手法③,或将简单明了之事简练展现,或在表面无关表达中阐释深意,或用看似矛盾话语阐释真理。《黄帝内经》有许多事医箴言,如要求医者"上知天文,下知地理,中知人事",用针之人须了解五运六气变化及人体阴阳盛衰虚实,否则"不可以为工良医";诊断前要"入国问俗,入家问讳,上堂问礼,临病人问所便",诊病时要"察色按脉,先别阴阳";告诫医者"拘于鬼神者,不可与言至德,恶于针石者,不可与言至巧。病不许治者,病必不治,治之无功矣"。《黄帝内经》多篇采用"先论天地,后论人体",前后看似无关,但蕴含深意。如《素问·阴阳应象大论》先论天地阴阳,再论人体阴阳;《素问·六节藏象论》先论天之六六之节,再论六六之节对人体脏腑影响;《灵枢·五变》先论匠人斫木,再论人的体质差异;《素问·四气调神大论》先论四时特征,再论人的养生之道和发病规律等。④ 警策修辞不仅为医者提供了至理箴言,也为由已知论未知,理解人体复杂的生理、病理规律提供了思路。

(四) 章句修辞

章句修辞多是由两个或两个以上句子形成的突出句间关系的

---

① 王治梅. 阐释学视角下《黄帝内经》省略辞格的英译研究[D]. 南京:南京中医药大学, 2011.

② 杨勇萍,毛和荣,章程鹏. 中医语言的特征及其对中医翻译的规约[J]. 浙江树人大学学报(人文社会科学), 2015, 15 (5):80–84.

③ 班兆贤.《黄帝内经》修辞研究[M]. 北京:中医古籍出版社, 2009:210.

④ 李成华. 中医藏象术语的隐喻认知及英译研究[M]. 苏州:苏州大学出版社, 2020:41.

修辞格,包含反复、对偶、排比、层递、顶针、错综、倒装、跳脱等。《黄帝内经》应用较多的是对偶、排比和层递。

1. 对偶

对偶是字数相等、句法相似、成双作对排列的修辞格。① 两句意义相似的称为正对,两句相互补充衬托,相辅相成;意义相反则为反对,两句相互对照,对立统一,相反相成。《素问·上古天真论》说上古真人"提挈天地,把握阴阳"、中古至人"游行天地之间,视听八达之外"、圣人"外不劳形于事,内无思想之患"、贤人"法则天地,象似日月",皆为正对,论内外兼修养生之道。谈论气机升降之理,《素问·六微旨大论》说:"出入废则神机化灭;升降息则气立孤危。故非出入,则无以生长壮老已;非升降,则无以生长化收藏。"言气机升降对人体的重要作用。《素问·四气调神大论》中"春夏养阳,秋冬养阴""圣人行之,愚者佩之"为反对,告诫人们要遵守阴阳之道。《素问·移精变气论》亦有"得神者昌,失神者亡"之论,说明神志内守的重要性。对偶辞格为汉语独有,不仅能增添语言的形式美和韵律美,而且能显示汉语特有的文化色彩②,体现《黄帝内经》语言的诗性美。

2. 排比

排比是同性质的事象用结构相似的句法逐一列出的一种修辞格③,较之对偶,不要求字数相等、两两相对,具有条理清楚、气势贯通的特点。排比在《黄帝内经》中的表现形式多样,如词语的排比、句子成分的排比、单句的排比、段落的排比等。如《灵枢·本神》有"血、脉、营、气、精神,此五脏之所藏也"之论,释五脏所藏,《素问·上古天真论》以"法于阴阳,和于术数,食饮有节,起居有常,不妄作劳"论上古知道者的养生方式,《素问·四气调神大论》以春三月、夏三月、秋三月、冬三月论四时特征,《素问·金匮真言论》以东、南、西、北论四时风之特点、病变和治疗部位,《素问·灵

---

① 陈望道. 修辞学发凡[M]. 上海:复旦大学出版社,2008:162.
② 李苹,施蕴中.《黄帝内经》对偶辞格研究[J]. 时珍国医国药,2009,20(10):2578-2579.
③ 陈望道. 修辞学发凡[M]. 上海:复旦大学出版社,2008:163.

兰秘典论》论十二官地位和特点，《素问·异法方宜论》以东、南、西、北、中五方差异论"一病而治各不同"的道理。排比修辞使《黄帝内经》在叙述形式上趋于一致，在表达气势上更有条理，使内容表达更具全面性和说服力。

3. 层递

层递是将语言排成从浅到深、从低到高、从小到大、从轻到重层层递进的顺序的修辞格，逐层递加的叫递升，逐层递减的叫递降。①《素问·上古天真论》以女子七七、男子八八论男女生长发育规律为递升，论真人、至人、圣人、贤人养生之策为递降。《素问·阴阳应象大论》以"善治者治皮毛，其次治肌肤，其次治筋脉，其次治六腑，其次治五脏"之论说明医生应当把握疾病初期治疗的关键期，《素问·阴阳离合论》以"数之可十，推之可百，数之可千，推之可万"论阴阳的无限可分性，《素问·生气通天论》以"平旦人气生，日中而阳气隆，日西而阳气已虚"论一日阳气盛衰之变化，《灵枢·天年》以十年为期论人体生长壮老已的生命规律，皆为层递。层递修辞使《黄帝内经》在语言上逻辑有序，在内容上层层递进，在论理上清晰明了，这体现了语言的文学性特征。

## 三、小结

《黄帝内经》论理深刻，注重修辞，既是一部医学巨著，也具有很强的修辞学特征。《黄帝内经》丰富的修辞格使其在语言表达上形象生动、朗朗上口；《黄帝内经》在论理方式上浅显易懂，避免艰深晦涩，体现了中医思维模式，更具说服力。《黄帝内经》修辞研究能深化对中医理论的认识，助力中医文化的阐释，为中医技术和文化融合的研究提供新的视角。

---

① 陈望道. 修辞学发凡[M]. 上海：复旦大学出版社，2008：165.

## 第二节 《黄帝内经》修辞翻译概说

据统计,1925 年至今,国内外《黄帝内经》英译本共有 20 个[1],形式包括节译本、选译本、编译本、合译本等,其中全译本 4 个,译者分别是加拿大籍华人吕聪明(Henry C. Lu)博士、旅美华人中医师吴连胜和吴奇父子、德国医史学家文树德(Paul U. Unschuld)教授和国内学者李照国教授。近年来学界对《黄帝内经》译家译本的研究主要包括译本的考证和梳理、译本的对照研究、译介效果研究、英译策略研究等。《黄帝内经》译家、译本和译介效果的研究为我们了解不同译家的修辞翻译思想和策略、评价不同译本和对修辞的翻译优化提供了可贵的学术资料。

### 一、《黄帝内经》修辞翻译研究概况

《黄帝内经》修辞翻译研究目前尚未见专著,部分研究成果散见于其他著作和论文。1997 年人民卫生出版社出版了李照国的《中医英语翻译技巧》,其中第八章专论医古文常用修辞手法的翻译。2015 年科学出版社出版了唐韧的《中医跨文化传播:中医术语翻译的修辞和语言挑战》,讨论了中医翻译中的修辞问题。还有学者对《黄帝内经》的修辞翻译做了整体研究,探讨了修辞格翻译的原则和策略,发表了系列论文。

学界对《黄帝内经》修辞翻译的研究最多的是譬喻(广义上的隐喻)。国外学者对中医术语的隐喻翻译策略进行了研究。德国中医翻译家文树德和英国中医翻译家魏迺杰(Nigel Wiseman)认为,源于隐喻命名方式的中医名词在翻译时应使用仿造方式加以译解,将字面上的意思翻译出来,确保中医概念的完整性和独立性是中医翻译的基本前提。国内有学者主张探源隐喻的本质,以术

---

[1] 王银泉,余静,杨丽雯.《黄帝内经》英译版本考证[J].上海翻译,2020(2):17-22,94.

语的源流研究为前提，突出中医学取象比类的思维方法，采用反映中医名词术语隐喻内涵的翻译策略，保留术语原始的隐喻内涵；也有学者提出根据表达需要，或保留中医语言的隐喻修辞手段、喻体形象和喻义，或用目标语中的喻体代替源语中喻体，或直接省略隐喻，融喻义于医理中；还有学者更加具体地阐明了中医语言的特点，提出了取舍隐喻形象的依据，如概念独特、使用音译，内涵相似、保留形象，替换形象、译出喻意，舍弃形象、译出医理，解释说明、综合翻译，试图使译语既能体现中医理论内涵，又能传递中国文化和中医学所富含的文、史、哲的意蕴。2020年苏州大学出版社出版的《中医藏象术语的隐喻认知及英译研究》以《黄帝内经》论藏象相关篇章为对象，系统探讨了藏象术语隐喻的翻译原则和策略。

有学者研究了《黄帝内经》出现的互文、省略、回环、联珠、顶针、对偶、举隅、排比等修辞格的英译问题，分析了修辞英译的特点和策略。比如，对于正言互文，可采用概括整合法翻译，对于反言互文，则用增补法翻译。① 回环修辞体现汉语之美，为使译文再现原文的形式美与内涵美，可采用仿造译法，若两者不能兼顾则"舍形取义"，可采用省略译法、增补译法及合并译法。②

《黄帝内经》的修辞英译研究成为语言学界和中医学界的研究热点，这些研究成果主要集中在比喻的翻译上，虽未勾勒出《黄帝内经》修辞翻译的全貌，但为我们系统研究《黄帝内经》修辞翻译提供了重要的学术资料。

## 二、李照国《黄帝内经》修辞翻译

李照国教授自1993年起就开始中医翻译的理论研究，出版了专著《中医翻译导论》，填补了中医翻译理论研究的空白。1997年，李照国教授出版的《中医英语翻译技巧》比较系统地论述了比

---

① 杜福荣，张斌.《内经》辞格的英译研究——互文与举隅[J]. 中西医结合学报，2010，8（12）：1207-1209.

② 文佳，牛海燕，姚欣. 翻译美学视域下《黄帝内经》回环辞格英译研究[J]. 中国中医基础医学杂志，2018，24（11）：1628-1630，1645.

喻、对比、比拟、代称、避复、复用、分承、举隅、避讳、联珠、双关等修辞在中医典籍中的应用及其翻译,侧重这些修辞格的翻译方法。2011年,李照国教授在《中国翻译》上发表了题为《〈黄帝内经〉的修辞特点及其英译研究》的论文,依据他多年研究和翻译《黄帝内经》的经验,认为该书注重修辞,其修辞手法"精妙绝异,几达至善,几近至美"①。李照国教授的《黄帝内经素问》三卷汉英对照译本于2005年出版,《黄帝内经灵枢》三卷于2008年出版,这是国内第一部英汉对照的《黄帝内经》全译本。

李照国教授认为要准确翻译《黄帝内经》中的一些特有的概念,有必要按照古人的思维观念对其进行解读。翻译《黄帝内经》要遵循的基本原则之一就是"与时俱退,立足实际",亦即在思想观念和认识方式上回归到它产生的那个时代,以避免以今释古。对于《黄帝内经》的翻译,李照国提出了"译古如古,文不加饰"的基本原则。《黄帝内经》是中国医药经典著作,不能把它当成一般的文学作品来对待。比如,《黄帝内经》中极具中国特色的医药术语、写作手法、思维模式等都应在译文中得到最大化的保留。如果译者只是把《黄帝内经》当作一般的文学作品来翻译,而不考虑其特殊性,势必会丢失原文中一些重要的文化要素。对于一些中国特有的中医术语,李照国主张异化翻译策略,采用直译加注的方法,从而既保留了中国传统医药学文化,又不会给译者造成太大的理解困难。

### 三、文树德《黄帝内经》修辞翻译

文树德教授是德国著名汉学家和医史学家,对中国医学史有着深入研究。他致力于《黄帝内经》的研究和翻译,出版了四部代表作。一是2003年出版的《黄帝内经素问:中国古代医学典籍中的自然、知识和意象》(*Huang Di Nei Jing Su Wen: Nature, Knowledge, Imagery in an Ancient Chinese Medical Text*)。本书首先介绍了《素问》

---

① 李照国.《黄帝内经》的修辞特点及其英译研究[J]. 中国翻译, 2011, 32(5): 69-73.

有关的文献史，引述了中国历代医家关于《素问》起源的学术观点，阐释了《黄帝内经素问》标题的含义，介绍了11世纪之前的《素问》版本及其评注、通行版本及其传承，从阴阳五行、脏腑经络气血、疾病诊断治疗等方面分类归纳了《素问》的主要内容，并在附录中用很大篇幅介绍了五运六气的知识。二是2008年出版的《黄帝内经素问词典》(*A Dictionary of the Huang Di Nei Jing Su Wen*)。本书以《素问》1 866单字为纲，列举组合术语8 800余个，并说明出现位置，兼具索引作用。三是2011年出版的《黄帝内经素问译注》(*Huang Di Nei Jing Su Wen: An Annotated Translation of Huang Di's Inner Classic— Basic Questions*)。本书由文树德与美国学者田和曼、中国学者郑金生合作完成，在语言上严格按照西方语言标准，在内容上尽量保留《素问》之原貌。四是2016年出版的《黄帝内经灵枢译注》(*Huang Di Nei Jing Ling Shu: The Ancient Classic on Needle Therapy*)。本书采用英汉对照形式，界定了中医学的部分概念和术语以阐释《黄帝内经》时代的思维方式，和《黄帝内经素问译注》一样，本书"退"回到著作产生的时代，加入了大量注释，全译《灵枢》81篇，最后列出术语表。

　　文树德教授强调中医翻译的语言学原则，认为译文应充分考虑中医的思维模式，探究古代医学中比象、隐喻的原意，在语言上与时俱退，从中医形成的时代背景中寻找中医语言的含义，在翻译时选择合适的词汇并配合注释，来反映两千年前中医学的原貌。基于对术语源流的考查，他将"脏腑"译作 deports and palaces，将"营气"译作 camp qi。他认为，中医被西方接受，主要原因是西方人理念的改变，而不是看到中医的疗效。在内容上，注重原汁原味地传递中医。他注重探究中医古籍所处的社会文化语境，考察中医术语的原始内涵，忠于原文，原汁原味地翻译中医。他反对以西代中、用西医术语硬套中医术语的做法，认为这是盲目迎合一般读者的理解水平，混淆中西医差异，无法传递中医对健康和疾病的认识，引起西方对中医学的误解。文树德在翻译中注重在语言和内容上的考据，李照国教授称其为中医翻译"考据派"的代表人物。①

---

① 李照国. 中医翻译研究教程[M]. 上海：上海三联书店，2019：137.

## 四、吴氏《黄帝内经》修辞翻译

吴连胜、吴奇父子为长期在美国行医的中医师。1997年,由中国科学技术出版社出版了他们的《黄帝内经》英汉对照译本(*Yellow Emperor's Canon Internal Medicine*)。因为从业医师重视的是中医典籍对实践操作的指导性,故吴氏父子翻译的着眼点和其他译者颇为不同。吴氏父子重视的是流畅、达意且内容具体的译文,具有解说风格。译者将原文内容翻译成直白的道理和中医行医操作中的流程,原文中许多晦涩深奥而至今都无定论的中医原理被译者阐释为简单、具体的行医步骤或用药方法,译文特色鲜明。

吴氏在译文中重视医理的表达,强调意义传递的第一性,但并未放弃对修辞的翻译。如《素问·灵兰秘典论》中将脏腑比作官职,吴氏将"心者,君主之官也"译作 the heart is the supreme commander or monarch,将"肺者,相傅之官"译作 the lung … like a prime minister assisting the king to reign the country,虽未如汉语展现排比之美,但也将其中的比喻较为生动准确地表达出来。吴氏将医理视为第一性的做法,为我们翻译中西方不具通约性的修辞翻译提供了思路。

总之,《黄帝内经》的思想体系源自远古时代,其文古奥,其理玄密,讲究音韵,注重修辞,具有很强的文学性。① 除现今较为流行的比喻、比拟、借代、对偶等手法外,还广泛使用了联珠、辟复、互文、讳饰等卓异修辞之法。尽管目前已有研究《黄帝内经》修辞的专著,但数量不多,分类不尽相同,尚未达到通过修辞阐释医理的目的;《黄帝内经》修辞翻译研究仅存在于论文中,不够系统,尚未形成助力中医文化传播的著作。基于以上认识,笔者认为应当依据现代修辞学理论对《黄帝内经》修辞进行梳理和分类研究,借助语料库对《黄帝内经》修辞翻译的规律进行再认识,提出翻译优化策略,促进中医文化对外传播和增强文化自信。

---

① 李照国.《黄帝内经》的修辞特点及其英译研究[J]. 中国翻译,2011,32(5):69-73.

# 第一章 《黄帝内经》的材料修辞与翻译

## 第一节 譬 喻

譬喻,又称比喻,是古今生活中最常用的修辞格之一。譬喻是语言之美,能将平常事物优美地呈现出来;譬喻是思想之基,它立足两事物的相似性,用熟悉的事物将陌生事物形象地表达出来,本质上是人们认识新事物的一种模式和手段。《黄帝内经》是使用譬喻、用已知认识未知的典范。据统计,《黄帝内经》使用譬喻近300次。①

### 一、譬喻的概念

先秦时期,孔子有"能近取譬"之说,墨子有"举他物而以明之"之论,荀子有"譬称比方"之述,韩非子有"连物比类"之言,皆论譬喻。两汉时期,譬喻得到极大发展,不再局限于先秦时期的口语语言,不仅论及譬喻手法,还从《诗经》中总结了赋、比、兴理论。② 两汉时期的显著特点是对譬喻理论、性质、功能、结构的研究。③ 魏晋南北朝时期,刘勰《文心雕龙》将修辞学推向新高度,他对譬喻的定义、表现形态、分类、功能等都有详细论述,比较全面地揭示了譬喻的基本面貌。④ 宋代陈骙《文则》对譬喻的论述标志着

---

① 班兆贤.《黄帝内经》修辞研究[M]. 北京:中医古籍出版社,2009:110.
② 易蒲,李金苓. 汉语修辞学史纲[M]. 长春:吉林教育出版社,1989:89.
③ 冯广艺. 汉语比喻研究史[M]. 武汉:湖北教育出版社,2001:48.
④ 冯广艺. 汉语比喻研究史[M]. 武汉:湖北教育出版社,2001:87.

我国譬喻理论的成熟。明清是从古代修辞到现代修辞过渡的时期，在修辞学史上具有承上启下地位。这一时期的譬喻除了继承比兴的传统，还将譬喻拓展到小说和戏曲中。① 1932 年，陈望道《修辞学发凡》的出版为现代修辞学奠定了基础。他将修辞概括为材料上的修辞、意境上的修辞、词语上的修辞和章句上的修辞，共 38 种辞格，其中譬喻划归为材料上的修辞一类。这一时期的譬喻借鉴了西方修辞学理论成果，把譬喻放在修辞学的学科体系中进行考察。20 世纪 80 年代以来，随着认知科学的发展和美国学者莱考夫《我们赖以生存的隐喻》一书的出版，譬喻深受西方修辞学影响，被看作一种认知方式。

尽管譬喻在中国多被看作一种修辞，直到近 40 年以来受西方修辞学说的影响，才被当作认知方式，但中国譬喻发展的轨迹表明，从口语到书面语，从诗歌到词曲小说，譬喻就是用熟悉阐释陌生的认知过程。笔者认为，譬喻首先是一种修辞，在形式上表现为语言之美，譬喻也是人们用熟悉事物理解和阐释陌生事物的认知方式，在本质上是用已知探索未知。

## 二、譬喻的分类

在中国，南北朝时期文学理论批评家刘勰最早对譬喻进行分类，他在《文心雕龙·比兴》中把譬喻分为比义和比类两种。前者是指以具体的事物来比抽象的义理，后者则是指以具体事物来比具体事物的形貌。宋代陈骙在《文则》中以语言形式为依据，把譬喻分为直喻、隐喻、类喻、诘喻、对喻、博喻、简喻、详喻、引喻、虚喻十类。清代吴佩芬《经言明喻编》从喻体所指对象的角度把譬喻分为物喻、人喻、事喻三类。②

陈望道《修辞学发凡》认为，譬喻包含正文（本体）、譬喻（喻体）和譬喻词语三个成分，根据本体的隐现、是否使用譬喻词及使

---

① 冯广艺. 汉语比喻研究史[M]. 武汉：湖北教育出版社，2001：140.
② 聂焱. 比喻新论[M]. 银川：宁夏人民教育出版社，2009：133.

用何种譬喻词,将譬喻分为明喻、隐喻、借喻三类。① 陈望道关于隐喻的三分法抓住了比喻的本质特征,被修辞学界称为"一个重大发现",对现代譬喻分类研究产生了深远影响。所谓明喻,是用另外事物来比拟文中事物的譬喻,常用"好像""如同""仿佛""犹""若""似"等譬喻词连接本体与喻体。陈望道认为,隐喻比明喻更进一层,本体与喻体的关系更紧密,不出现譬喻词,形式是"甲就是乙";借喻比隐喻更进一层,直接用喻体代替本体,不出现本体和譬喻词。黄伯荣、廖序东编著的《现代汉语》教材根据喻词的特点将譬喻分为明喻、暗喻(隐喻)、借喻三类。

譬喻的要素有"三要素说"(本体、喻体、相似点)、"四要素说"(本体、喻体、相似点、喻词)、"五要素说"(本体、喻体、相似点、喻词、延体)等。② 基于对各类譬喻的综合考察,笔者认为,一个典型的譬喻应当包含本体、喻体、相似点。

为便于讨论,避免与认知修辞学的隐喻相混淆,本书将《黄帝内经》的譬喻分为明喻、暗喻、借喻三类。

## 三、《黄帝内经》与譬喻

### (一) 明喻

明喻一般由本体、喻体、喻词等要素组成,相似点是形成明喻的基础。《黄帝内经》使用大量明喻来阐释脏腑功能、脉象常变、病之形态、疾病预防、治则治法、阴阳之气等,喻词多为"如""若""犹""譬""象"等。

1. 脏腑功能

**例1** 脑髓骨脉胆女子胞,此六者地气之所生也。<u>皆藏于阴而象于地</u>,故藏而不泻,名曰奇恒之府。(《素问·五脏别论》)

**例2** 夫胃大肠小肠三焦膀胱,此五者天气之所生也,<u>其气象</u>

---

① 陈望道. 修辞学发凡[M]. 上海:复旦大学出版社,2008:59.
② 聂焱. 比喻新论[M]. 银川:宁夏人民教育出版社,2009:13.

天,故泻而不藏。(《素问·五脏别论》)

**例3** 上焦如雾,中焦如沤,下焦如渎,此之谓也。(《灵枢·营卫生会》)

**例4** 阴之与阳也,异名同类,上下相会,经络之相贯,如环无端。(《灵枢·邪气脏腑病形》)

以上4例以明喻陈述脏腑经络功能。例1以"脑""髓""骨""脉""胆""女子胞"为本体,以"地"为喻体,用喻词"象"连接本体和喻体,其相似点是藏化物,以表明奇恒之府具有与地"藏化物"相似的特征。例2以"胃""大肠""小肠""三焦""膀胱"为本体,以"天"为喻体,用喻词"象"连接本体和喻体,其相似点是运转不休,以表明五腑与天具有相似特征,运行不休,故泻而不藏。例3上、中、下三焦为本体,"雾""沤""渎"为喻体,喻词为"如",分别以弥散、腐熟、排泄为相似点,说明上焦心、肺宣发敷布水谷精气的功能,如同雾露弥漫灌溉全身;中焦脾、胃腐熟水谷,吸收精微,进而将营养物质上输转送到全身的功能,如同沤渍食物;下焦肾、膀胱排泄水液和糟粕的功能,如同沟道一样。例4以"经络相贯"为本体,以"环"为喻体,以首尾相接之状为相似点,说明经络中脏腑相接、上下会通、左右联贯、首尾相连的特征。

2. 脉象常变

**例1** 平心脉来,累累如连珠,如循琅玕,曰心平,夏以胃气为本。病心脉来,喘喘连属,其中微曲,曰心病。死心脉来,前曲后居,如操带钩,曰心死。(《素问·平人气象论》)

**例2** 平肺脉来,厌厌聂聂,如落榆荚,曰肺平,秋以胃气为本。病肺脉来,不上不下,如循鸡羽,曰肺病。死肺脉来,如物之浮,如风吹毛,曰肺死。(《素问·平人气象论》)

**例3** 平肝脉来,软弱招招,如揭长竿末梢,曰肝平,春以胃气为本。病肝脉来,盈实而滑,如循长竿,曰肝病。死肝脉来,急益劲,如新张弓弦,曰肝死。(《素问·平人气象论》)

**例4** 平脾脉来,和柔相离,如鸡践地,曰脾平,长夏以胃气为本。病脾脉来,实而盈数,如鸡举足,曰脾病。死脾脉来,锐坚如乌之喙,如鸟之距,如屋之漏,如水之流,曰脾死。(《素问·平人气

象论》)

**例5** 平肾脉来,喘喘累累如钩,按之而坚,曰肾平,冬以胃气为本。病肾脉来,如引葛,按之益坚,曰肾病。死肾脉来,发如夺索,辟辟如弹石,曰肾死。(《素问·平人气象论》)

**例6** 真肝脉至,中外急,如循刀刃责责然,如按琴瑟弦,色青白不泽,毛折,乃死。真心脉至,坚而搏,如循薏苡子累累然,色赤黑不泽,毛折,乃死。真肺脉至,大而虚,如以毛羽中人肤,色白赤不泽,毛折,乃死。真肾脉至,搏而绝,如指弹石辟辟然,色黑黄不泽,毛折,乃死。真脾脉至,弱而乍数乍疏,色黄青不泽,毛折,乃死。(《素问·玉机真脏论》)

**例7** 是故持脉有道,虚静为保。春日浮,如鱼之游在波;夏日在肤,泛泛乎万物有余;秋日下肤,蛰虫将去;冬日在骨,蛰虫周密,君子居室。(《素问·脉要精微论》)

**例8** 色脉与尺之相应也,如桴鼓影响之相应也,不得相失也,此亦本末根叶之出候也,故根死则叶枯矣。(《灵枢·邪气脏腑病形》)

以上 8 例用明喻表达脉象常变。例 1—5 同出自《素问·平人气象论》,以"如"为喻词,基于五脏平脉、病脉、死脉与各喻体的相似性,形象地阐释五脏平脉、病脉、死脉各自的性状特征,将抽象的脉象特征具象化。以肺脉为例,肺之平脉为本体,"落榆荚"为喻体,基于和缓的相似点以"如"为喻词连接本体和喻体,说明肺之平脉和缓的特征;肺之病脉为本体,"循鸡羽"为喻体,基于不上不下的相似点以"如"为喻词连接本体和喻体,说明肺之病脉中间硬、两旁虚的特征;肺之死脉为本体,"物之浮""风吹毛"为喻体,基于飘忽不定的相似点以"如"为喻词连接本体和喻体,说明肺之死脉散动无根的特征。例 6 以"如"为喻词,基于五脏真脏脉与各喻体的相似性,阐释五脏真脏脉的具体特征。以真肝脉为例,以真肝脉为本体,以"循刀刃""按琴瑟弦"为喻体,说明真肝脉如抚摸在刀刃上锐利而可畏,如按在琴瑟的弦上那样紧急的特征。例 7 以春天脉象为本体,以"鱼之游在波"为喻体,以"如"为喻词,以浮越于表为相似点,说明春天常脉"浮"的特征。例 8 以病人的气色、脉象与疾病的关系为本体,以木槌击鼓而有声响为喻体,用喻词"如"连接,相似点是疾病会反映于气色、脉象,就如击鼓有声音一样,说明"有诸内并形诸于外"的道理。

3. 病之形态

**例1** 因于寒,<u>欲如运枢</u>,起居如惊,神气乃浮。因于暑,汗,烦则喘喝,静则多言。<u>体若燔炭</u>,汗出而散。因于湿,<u>首如裹</u>。(《素问·生气通天论》)

**例2** 高梁之变,足生大丁,<u>受如持虚</u>。(《素问·生气通天论》)

**例3** 故邪风之至,<u>疾如风雨</u>,故善治者治皮毛,其次治肌肤,其次治筋脉,其次治六腑,其次治五脏。(《素问·阴阳应象大论》)

**例4** 五脏之气,故色见<u>青如草兹</u>者死,<u>黄如枳实</u>者死,<u>黑如炱</u>者死,<u>赤如衃血</u>者死,<u>白如枯骨</u>者死,此五色之见死也。<u>青如翠羽</u>者生,<u>赤如鸡冠</u>者生,<u>黄如蟹腹</u>者生,<u>白如豕膏</u>者生,<u>黑如乌羽</u>者生,此五色之见生也。生于心,<u>如以缟裹朱</u>;生于肺,<u>如以缟裹红</u>;生于肝,<u>如以缟裹绀</u>;生于脾,<u>如以缟裹栝楼实</u>;生于肾,<u>如以缟裹紫</u>。此五脏所生之外荣也。(《素问·五脏生成》)

**例5** 目裹微肿<u>如卧蚕起之状</u>,曰水。(《素问·平人气象论》)

**例6** 心咳之状,咳则心痛,<u>喉中介介如梗状</u>,甚则咽肿喉痹。(《素问·咳论》)

**例7** 其始生也,<u>大如鸡卵</u>,稍以益大,至其成<u>如怀子之状</u>,久者离岁,按之则坚,推之则移,月事以时下,此其候也。(《灵枢·水胀》)

例1—7使用喻词"如"阐明病证的特征。例1以寒邪、暑邪、湿邪为本体,以"运枢""燔炭""裹"为喻体,分别说明人感受寒、暑、湿邪后转动不灵、身体发热、头部沉重的特点。例2以多食肥甘厚腻容易生疔疮为本体,以"持虚"为喻体,以易患病为相似点说明肥甘厚腻易致病的特征。例3以邪气侵犯人体为本体,以"风雨"为喻体,以"疾"(即速度快)为相似性,说明邪气侵犯人体后患病速度之快。例4以"青如草兹""黄如枳实""黑如炲""赤如衃血""白如枯骨"形象地阐明五种面色为死证,以"青如翠羽""赤如鸡冠""黄如蟹腹""白如豕膏""黑如乌羽"说明五种面色主生,以"缟裹朱""缟裹红""缟裹绀""缟裹栝楼实""缟裹紫"说明心、肺、肝、脾、肾五脏有生机反应在外的正常面色。例5以"目裹微肿"为本体,以"卧蚕起之状"为喻体,以形状相似性为基础,阐述水肿病反应在眼部的表征。例6以"喉中介介"为本体,以"梗状"为喻体,阐释心咳之证在喉中的特征。例7以"大如鸡卵""怀子之状"说明肠覃病的肿块由小变大的过程,将肿块大小具象化。

**例8** 胞痹者,少腹膀胱按之内痛,<u>若沃以汤</u>,涩于小便,上为清涕。(《素问·痹论》)

**例9** 气上不下,头痛巅疾,求阳不得,求阴不审,五部隔无征,<u>若居旷野,若伏空室</u>,绵绵乎属不满日。(《素问·方盛衰论》)

**例10** 厥逆为病也,足暴清,<u>胸若将裂,肠若将以刀切之</u>。(《灵枢·癫狂》)

例8—10使用喻词"若"阐明病证的症状表现。例8以"若沃以汤"说明膀胱痹如被热汤浇灌之灼痛感,例9以"若居旷野""若伏空室"说明由于五脏之气隔绝导致的厥证无显著征象可察但生命垂危的现象,例10则以"胸将裂""肠以刀切之"说明厥逆为病带来的疼痛感。

**例11** 是动则病嗌痛颔肿,不可以顾,<u>肩似拔,臑似折</u>。(《灵枢·经脉》)

**例12** 其所从来者微,视之不见,听而不闻,<u>故似鬼神</u>。(《灵枢·贼风》)

**例13** 今夫五脏之有疾也,<u>譬犹刺也,犹污也,犹结也,犹闭也</u>。(《灵枢·九针十二原》)

**例14** 夫善用针者,取其疾也,<u>犹拔刺也,犹雪污也,犹解结也,犹决闭也</u>。(《灵枢·九针十二原》)

**例15** 黄帝曰:一时遇风,同时得病,其病各异,愿闻其故。少俞曰:善乎哉问!<u>请论以比匠人</u>。匠人磨斧斤砺刀,削斫材木。木之阴阳,尚有坚脆,坚者不入,脆者皮弛,至其交节,而缺斤斧焉。

夫一木之中,坚脆不同,坚者则刚,脆者易伤,况其材木之不同,皮之厚薄,汁之多少,而各异耶。(《灵枢·五变》)

例11以手太阳小肠经因外邪侵犯而发生的病症为描述对象,以疼痛为相似点,说明症状为肩痛如被扯拔,臂痛如被折断。例12解答既没有邪气侵犯的外因,也没有惊恐等情志刺激的内因,却突然发病的缘由,此处以"其所从来者微"为本体,以"鬼神"为喻体,以视之不见、听而不闻为相似点,阐明有些病征细微,不易察觉,好像鬼神作祟一样。例13和例14分别以疾病及其针刺治疗为本体,以"刺""污""结""闭"为喻体,说明人体五脏有病,就如身上扎了刺、美物被污染、绳子打了结、江河遭淤闭一样,用针刺治疗疾病就像拔刺,洗掉污垢,解开绳结,疏通淤塞。例15以"一时遇风,同时得病,其病各异"为本体,以匠人伐木为喻体,阐明不同体质之人得病症状表现差异的原因。

#### 4. 疾病预防

**例** 是故圣人不治已病治未病,不治已乱治未乱,此之谓也。夫病已成而后药之,乱已成而后治之,<u>譬犹渴而穿井,斗而铸锥</u>,不亦晚乎!(《素问·四气调神大论》)

本例体现了中医学治未病和预防为主的思想,以"病已成而后药之,乱已成而后治之"为本体,以"渴而穿井,斗而铸锥"为喻体,以"晚"为相似点,阐明治未病、治未乱的重要性。

#### 5. 治则治法

**例1** 深浅在志者,知病之内外也。远近如一者,深浅其候等也。<u>如临深渊者</u>,不敢堕也。<u>手如握虎者</u>,欲其壮也。(《素问·针解》)

**例2** 夫涕之与泣者,<u>譬如人之兄弟</u>,急则俱死,生则俱生,其志以早悲,是以涕泣俱出而横行也。(《素问·解精微论》)

**例3** 若夫法天则地,随应而动,<u>和之者若响,随之者若影</u>,道无鬼神,独来独往。(《素问·宝命全形论》)

**例4** 请言神,神乎神,耳不闻,目明,心开而志先,慧然独悟,口弗能言,俱视独见,适若昏,昭然独明,<u>若风吹云</u>,故曰神。(《素问·八正神明论》)

第一章 《黄帝内经》的材料修辞与翻译 ‖ 023

**例5** 刺之要,气至而有效,效之信,若风之吹云,明乎若见苍天,刺之道毕矣。(《灵枢·九针十二原》)

**例6** 夫约方者,犹约囊也,囊满而弗约,则输泄,方成弗约,则神与弗俱。(《灵枢·禁服》)

**例7** 子所能治,知亦众多,与此病失矣。譬以鸿飞,亦冲于天。夫圣人之治病,循法守度,援物比类,化之冥冥,循上及下,何必守经。(《素问·示从容论》)

以上7例以明喻阐明疾病的治则治法。例1以针刺为本体,以"临深渊""手握虎"为喻体,以行针时的状态与喻体传递的感受为相似点,说明行针时应精神集中和持针定而有力的特点。例2将鼻涕和眼泪比喻成兄弟关系,说明两者在疾病中的密切联系。例3以"和之若响,随之若影"比喻医生根据天地阴阳盈虚消长变化,采用不同的治疗方法,会取得好的疗效。例4、例5以"风吹云"比喻得神如同慧然独悟,针刺疗效显著如风吹云散一般。例6以"约方"为本体,以"约囊"为喻体,说明要时常总结所学到的诊断和治疗方法,就像将袋口扎住一样,否则所装的东西就会漏掉。例7以"子所能治,知亦众多"为本体,以鸿雁之飞行,虽亦能上冲于天,却飞不到天之边际,喻医道之深奥,有如长空之浩渺难测,摸不到其边际。

**6. 阴阳之气**

**例1** 阳气者若天与日,失其所则折寿而不彰。(《素问·生气通天论》)

**例2** 凡阴阳之要,阳密乃固,两者不和,若春无秋,若冬无夏。(《素问·生气通天论》)

**例3** 五运相袭,而皆治之,终期之日,周而复始,时立气布,如环无端,候亦同法。(《素问·六节藏象论》)

**例4** 五运之始,如环无端。(《素问·六节藏象论》)

**例5** 清者为营,浊者为卫,营在脉中,卫在脉外,营周不休,五十而复大会。阴阳相贯,如环无端。(《灵枢·营卫生会》)

**例6** 营卫之行也,上下相贯,如环之无端。(《灵枢·动输》)

例1以"阳气"为本体,以"天""日"为喻体,以阳气之于人体如同日之于天的重要性一样为相似点,凸显阳气对人体的特殊意义。例2以"两者不和"为本体,以"春无秋""冬无夏"为喻体,以密切关系为相似点,说明阳气致密、阴阳平衡对人体健康的重要性。例3、例4以"如环无端"为喻体,以时令节气和五行之气为本体,以首尾相接为相似点,喻指节气推移更替、五行更迭主时,周而复始。例5、例6以"如环无端"为喻体,以营卫之气循行为本体,以首尾相贯为相似点,喻指营卫之气在人体循环不休。

（二）暗喻

暗喻一般由本体、喻体等要素组成,相似点是形成暗喻的基础。本体和喻体之间没有比喻词,是区别于明喻的根本特征。《黄帝内经》多采用"……者……（也）""……为……"句式呈现暗喻。

1. "……者……（也）"句式暗喻

**例1** 心者,君主之官也,神明出焉。肺者,相傅之官,治节出焉。肝者,将军之官,谋虑出焉。胆者,中正之官,决断出焉。膻中者,臣使之官,喜乐出焉。脾胃者,仓廪之官,五味出焉。大肠者,传道之官,变化出焉。小肠者,受盛之官,化物出焉。肾者,作强之官,伎巧出焉。三焦者,决渎之官,水道出焉。膀胱者,州都之官,津液藏焉,气化则能出矣。（《素问·灵兰秘典论》）

例1以十二官喻十二脏腑功能。《说文解字》注:官"吏,事君也",即官是服务君王的官吏,官亦指生物体上有特定机能的部分,即"器官"之义。综观《黄帝内经》所论"十二官",君主之官、相傅之官、将军之官、中正之官、臣使之官、州都之官的提法是以官职类比脏腑之功能。心为君主之官,言心为五脏六腑之大主;肺为相傅之官,言肺朝百脉,主治节;肝为将军之官,言肝为刚脏,在志为怒;中正官掌管对某一地区人物进行品评,胆为中正之官,言胆居半表半里,能出表入里,通达阴阳,为三阴三阳之枢、五脏六腑之界,亦为人身之枢纽与桥梁;膻中为臣使之官,言心包代君受邪,代君行令;膀胱为州都之官,与三焦决渎全身水液相比,主管储藏局部津液。仓廪之官、传道之官、受盛之官、作强之官、决渎之官的说法则承袭君主之官的思维,直接言明脏腑的功能。①

**例 2**　胃者,<u>水谷之海</u>,六腑之大源也。(《素问·五脏别论》)

**例 3**　胃者<u>六腑之海</u>,其气亦下行。(《素问·逆调论》)

**例 4**　六腑者,<u>胃为之海</u>,广骸、大颈、张胸,五谷乃容。(《灵枢·师传》)

**例 5**　胃者,<u>五脏六腑之海</u>也,水谷皆入于胃,五脏六腑皆禀气于胃。(《灵枢·五味》)

**例 6**　阳明者表也,<u>五脏六腑之海</u>也,亦为之行气于三阳。(《素问·太阴阳明论》)

**例 7**　阳明者<u>五脏六腑之海</u>,主润宗筋,宗筋主束骨而利机关也。冲脉者,<u>经脉之海</u>也,主渗灌溪谷,与阳明合于宗筋。(《素问·痿论》)

**例 8**　冲脉者,<u>十二经之海</u>也。(《灵枢·动输》)

**例 9**　夫冲脉者,<u>五脏六腑之海</u>也,五脏六腑皆禀焉。(《灵枢·逆顺肥瘦》)

**例 10**　<u>胃者水谷之海</u>,其输上在气街,下至三里。冲脉者<u>为十二经之海</u>,其输上在于大杼,下出于巨虚之上下廉。膻中者<u>为气之海</u>,其输上在于柱骨之上下,前在于人迎。脑为<u>髓之海</u>,其输上在于其盖,下在风府。(《灵枢·海论》)

例 2—5 以"胃"为本体,以"海"为喻体,以储藏受纳为相似点,言胃为"水谷之海""六腑之海""五脏六腑之海",说明胃具有受纳水谷之能,为六腑提供传导之物,是五脏六腑供养之所,为全身精气之源。例 6、例 7 以"阳明经"为本体,以"五脏六腑之海"为喻体,言足阳明胃经主纳水谷化气血,以滋养表里,故为五脏六腑之海。例 8、例 9 以"冲脉"为本体,以"十二经之海""五脏六腑之海"为喻体,言冲脉能调节十二经气血,五脏六腑都禀受它气血的濡养。例 10 分别以"胃""冲脉""膻中""脑"为本体,以"水谷之海""十二经之海""气海""髓海"为喻体,言胃受纳之功、冲脉调

---

① 李成华. 中医藏象术语的隐喻认知及英译研究[M]. 苏州:苏州大学出版社,2020:93.

节气血之能、膻中为宗气积聚之处、髓充满于脑的功能与特征。

**例 11** 夫脉者,<u>血之府</u>也。(《素问·脉要精微论》)

**例 12** 头者<u>精明之府</u>,头倾视深,精神将夺矣。背者<u>胸中之府</u>,背曲肩随,府将坏矣。腰者<u>肾之府</u>,转摇不能,肾将惫矣。膝者<u>筋之府</u>,屈伸不能,行则偻附,筋将惫矣。骨者<u>髓之府</u>,不能久立,行则振掉,骨将惫矣。(《素问·脉要精微论》)

例 11、例 12 以"脉""头""背""腰""膝""骨"为本体,以"府"为喻体,以藏物之所为相似点,说明脉是气血运行的管道,头是藏精驭神的处所,背为胸中之气是否充盈的外在表现,腰是肾脏是否作强的反映,屈伸不能会反映在膝处,骨为容纳骨髓之处。若脉、头、背、腰、膝、骨恢复强健,虽病愈后良好。

**例 13** 肺者脏之长也,为<u>心之盖</u>也,有所失亡,所求不得,则发肺鸣,鸣则肺热叶焦。故曰:五脏因肺热叶焦,发为痿躄。(《素问·痿论》)

**例 14** 肺者<u>脏之盖</u>也,肺气盛则脉大,脉大则不得偃卧。(《素问·病能论》)

例 13、例 14 以"肺"为本体,以"心之盖""脏之盖"为喻体,以覆盖在上为相似点,说明肺居心上,为五脏六腑之华盖,与其他脏器在病理上相互影响。

**例 15** 阴阳者,<u>天地之道</u>也,万物之纲纪,变化之父母,<u>生杀之本始</u>,神明之府也,治病必求于本。(《素问·阴阳应象大论》)

**例 16** 天地者,万物之上下也;阴阳者,<u>血气之男女</u>也;左右者,<u>阴阳之道路</u>也;水火者,阴阳之征兆也;阴阳者,万物之能始也。(《素问·阴阳应象大论》)

例 15 以"阴阳"为本体,以"天地之道""万物之纲纪""变化之父母""生杀之本始""神明之府"为喻体,说明阴阳在自然界和人体的重要性:阴阳是自然界中的根本规律,是一切事物的本源,是万物发展和变化的起源,是生长、消亡的根本,是精神活动的根基。例 16 以"阴阳"为本体,以"男女""道路"为喻体,言阴阳使血气有男女之别,男性阳刚,女性阴柔,以及阳从左升、阴从右降之理。

2."……为……"句式暗喻

**例 1** 故清阳为<u>天</u>,浊阴为<u>地</u>。(《素问·阴阳应象大论》)

**例2** 胃为<u>五脏六腑之海</u>。(《灵枢·动输》)

**例3** 六经为<u>川</u>,肠胃为<u>海</u>,九窍为<u>水注之气</u>。(《素问·阴阳应象大论》)

**例4** 是故三阳之离合也,太阳为<u>开</u>,阳明为<u>合</u>,少阳为<u>枢</u>。(《素问·阴阳离合论》)

**例5** 经脉十二,络脉十五,凡二十七气,以上下,所出为<u>井</u>,所溜为<u>荥</u>,所注为<u>腧</u>,所行为<u>经</u>,所入为<u>合</u>。(《灵枢·九针十二原》)

例1以"清阳""浊阴"为本体,以"天""地"为喻体,以升降为相似点,说明阳气积聚而上、阴气凝聚而降的道理。例2以"胃"为本体,以"五脏六腑之海"为喻体,说明胃是五脏六腑气血之源、是后天之本的道理。例3以"六经""肠胃""九窍"为本体,以"川""海"和"水注(即河流)"为喻体,言人之精气灌注全身,为养生之道。例4以"太阳""阳明""少阳"三脉为喻体,以"开""阖""枢"为喻体,"太阳为开"言阳气发于外,为三阳之表;"阳明为合"谓阳气畜于内,为三阳之里也;"少阳为枢"谓阳气在表里之间,可出可入如枢机。例5以"二十七气"为本体,以"井""荥""腧""经""合"为喻体,说明脉气出、溜、注、行、入的状态。

**3. 其他句式暗喻**

**例1** 四变之动,脉与之上下,以春应中<u>规</u>,夏应中<u>矩</u>,秋应中<u>衡</u>,冬应中<u>权</u>。(《素问·脉要精微论》)

**例2** <u>春胃微弦</u>曰平,弦多胃少曰肝病,但弦无胃曰死,<u>胃而有毛</u>曰秋病,毛甚曰今病。(《素问·平人气象论》)

**例3** <u>夏胃微钩</u>曰平,钩多胃少曰心病,但钩无胃曰死,<u>胃而有石</u>曰冬病,石甚曰今病。(《素问·平人气象论》)

**例4** <u>秋胃微毛</u>曰平,毛多胃少曰肺病,但毛无胃曰死,<u>毛而有弦</u>曰春病,弦甚曰今病。(《素问·平人气象论》)

**例5** <u>冬胃微石</u>曰平,石多胃少曰肾病,但石无胃曰死,<u>石而有钩</u>曰夏病,钩甚曰今病。(《素问·平人气象论》)

例1以春、夏、秋、冬四时常脉为本体,以"规""矩""衡""权"为喻体:"规"是测量圆的器械,"矩"是测量方的器械,"衡"指秤杆,"权"指秤砣。《说文解字》释:"规,有法度也。"王冰注:"权谓秤权,衡谓星衡,规谓圆形,矩谓方象。"形象地指出四时常脉之象。例2—5以"弦""钩""毛""石"为喻体,说明五脏胃气四时之常象——春弦、夏钩、秋毛、冬石,以及五脏胃气异常的病征特点。

### (三) 借喻

借喻只出现喻体,和明喻、暗喻一样,相似点也是形成借喻的基础。借喻不出现本体,直接出现喻体,是一种最简练的譬喻形式。

**例1**　开鬼门,洁净府,精以时服,五阳已布,疏涤五脏。(《素问·汤液醪醴论》)

**例2**　视喘息,听音声,而知所苦,观权衡规矩,而知病所主。(《素问·阴阳应象大论》)

**例3**　论言治寒以热,治热以寒,而方士不能废绳墨而更其道也。(《素问·至真要大论》)

**例4**　故开折则仓廪无所输膈洞,膈洞者取之太阴,视有余不足,故开折者气不足而生病也。(《灵枢·根结》)

**例5**　夫上古圣人之教下也,皆谓之虚邪贼风,避之有时,恬惔虚无,真气从之,精神内守,病安从来。(《素问·上古天真论》)

**例6**　君火以明,相火以位。(《素问·天元纪大论》)

**例7**　太阳根起于至阴,结于命门。(《素问·阴阳离合论》)

**例8**　人有髓海,有血海,有气海,有水谷之海,凡此四者,以应四海也。(《灵枢·海论》)

**例9**　水谷之海有余,则腹满;水谷之海不足,则饥不受谷食。髓海有余,则轻劲多力,自过其度;髓海不足,则脑转耳鸣,胫酸眩冒,目无所见,懈怠安卧。(《灵枢·海论》)

**例10**　仓廪不藏者,是门户不要也。水泉不止者,是膀胱不藏也。(《素问·脉要精微论》)

例1中"开鬼门,洁净府"是《黄帝内经》最典型的借喻之一。在探讨治疗因五脏阳气受阻不能运化水湿形成的水肿时,岐伯提出"开鬼门,洁净府"的治法。王冰注:"开鬼门,是启玄府遣气也;洁净府,谓泻膀胱水去也。"马莳、吴昆、张介宾、张志聪、高士宗等历代医家皆宗此说。"鬼门"喻指汗孔,"净府"喻指膀胱,即通过开汗孔、泻膀胱使五脏阳气归于正常。例2以"权衡规矩"比喻四时常脉的征象,在《素问·脉要精微论》中有"春应中规,夏应中矩,秋应中衡,冬应中权"的论述。例3论述"治寒以热,治热以寒"的道理,以匠人常用的"绳墨"告知医生这一不变的治则治法。在《灵枢·逆顺肥瘦》中也有"故匠人不能释尺寸而意短长,废绳墨而起平水也,工人不能置规而为圆,去矩而为方"的记载,说明"绳墨"之于匠人如治则之于医生一样重要。例4以"仓廪"比喻脾胃,说明太阴开的功能损伤,脾失健运,转输失司,在上则膈气痞塞,在下则洞泄不止,在《素问·灵兰秘典论》中有"脾胃者,仓廪之官,五味出焉"之说。例5以"虚邪贼风"比喻各种侵犯人体致病的外部邪气,专攻人体正气。例6以"君火""相火"比喻心火和肾火,君火居上统帅各脏腑,相火居下为源泉之温,君相互用,各安其位,则五脏六腑等形体官窍各司其职,人体阴平阳秘。① 例7以"命门"比喻眼睛,言眼睛为人之重要门户,《灵枢·根结》云:"命门者,目也。"例8、例9以"髓海""血海""气海""水谷之海"分别喻指脑、冲脉、膻中、胃,说明其具有储存脑髓、血液、宗气和水谷的功能。例10以"仓廪不藏""水泉不止"喻指二便失守,"门户"喻指肛门,说明二便失禁的原因是肛门不约、膀胱失司。

### (四)譬喻的作用

譬喻形成的基础是事物间的相似性,其本质就在于美,它应当体现人类对美的追求。② 譬喻不仅是一种最常用的修辞手段,同时也是一种认知方式和思维模式。③

作为修辞手段,譬喻性话语给人以形象美、情感美、朦胧美、动态美等各种美感,譬喻的美感服务于所要表达的内容,正如张志公所说:"运用比喻,为的是让人们容易理解,那么就要用具体的作

---

① 许亚辉,严志祎,李杰,等."君火以明相火以位"简析[J].环球中医药,2019,12(1):37-40.
② 王希杰.修辞学导论[M].杭州:浙江教育出版社,2000:349.
③ 聂焱.比喻新论[M].银川:宁夏人民教育出版社,2009:200.

比,去说明或描写抽象的;用大家熟悉的作比,去说明或描写大家所不熟知的;用浅显的作比,去说明或描写比较深奥的。"① 譬喻作为一种认知方式,是20世纪80年代随着西方认知科学的发展而兴起的,最具代表性的著作是乔治·莱考夫(George Lakoff)的《我们赖以生存的隐喻》(Metaphors We Live By)。莱考夫认为,隐喻是人类用来组织其概念系统的不可缺少的认知工具,是通过一种事物来理解另一种事物的手段。② 陈汝东指出,譬喻的认知功能体现为:有助于修辞者对思维对象认识的深化,有助于话语理解者对认知对象理解的深化,有助于对真理的解释。③ 譬喻作为一种思维模式,是人们借助工具思考问题时在语言领域的表现形式,是人类突破思维和语言极限的创新表达,是"近取诸身,远取诸物"思维的体现。

《黄帝内经》是我国古代医学瑰宝,是一部文学性很强的医学巨著。古人在追求语言表达美感的同时,多处运用譬喻将抽象的理论具体化、陌生的事物熟悉化、深奥的原理浅显化,以更好地将医学理论传于后世。运用"近取诸身,远取诸物"象思维,观天地之象、取身物之象,用以比拟万物,以"象"的相似性为基础,在整体观的指导下以外知内、以表求里,通过现象认识生理、病理、治疗、养生的本质。譬喻在《黄帝内经》中的作用可概括为:文学上的美化、认知上的显化、医学上的浅化。

## 四、《黄帝内经》譬喻翻译的对比研究

《黄帝内经》"近取诸身,远取诸物"的取象比类思维模式决定了其语言中有大量的譬喻修辞,依据喻词和本体的隐现分为明喻、暗喻和借喻三类。无论是哪种医学都有治病救人的共同目标,这决定了医学中存在共同的语言和譬喻,同时各民族都有自己的文化特色,在思维和表达过程中必然存在不同的"象",这同样也反

---

① 聂焱. 比喻新论[M]. 银川:宁夏人民教育出版社,2009:140.
② 聂焱. 比喻新论[M]. 银川:宁夏人民教育出版社,2009:209.
③ 陈汝东. 认知修辞学[M]. 广州:广东教育出版社,2001:481.

映在语言和譬喻中。

## （一）明喻的翻译

明喻包含本体、喻体和比喻词三部分，在英语中比喻词多用 like，as，as if 等，对应汉语中"如""若""犹""譬""象"等比喻词。

**例 1** 上焦如雾，中焦如沤，下焦如渎。（《灵枢·营卫生会》）

李本：The Shangjiao (Upper Energizer) is like fog, the Zhongjiao (Middle Energizer) is like a froth of bubbles and the Xiajiao is like a drainage ditch.①

文本：The upper burner is like fog. The central burner is like a humidifier. The lower burner is like a ditch.②

吴本：In the functions of the triple warmer, the upper warmer is like mists, the middle warmer is like the pivot, and the lower warmer is like the gutter.③

例 1 用明喻表达上、中、下三焦的功能。尽管译者对上、中、下三焦的翻译大相径庭，但在喻词的选用上表现出高度的一致，三个译本均使用 like。在喻体选择上，"雾"体现出上焦心肺宣发敷布水谷精气的功能，如同雾露弥漫灌溉全身，三个译本选择 fog 或 mists；"沤"形容中焦脾胃腐熟水谷，吸收精微，进而将营养物质上输转送到全身的功能，如同沤渍食物，李本、文本选择 a froth of bubbles 和 humidifier，吴本使用 pivot 是对比喻的误读，不符合原文；"渎"说明下焦肾、膀胱排泄水液和糟粕的功能，如同沟渠一般，ditch 和 gutter 形象地表达出下焦如沟渠般排泄糟粕。

**例 2** 平脾脉来，和柔相离，如鸡践地，曰脾平，长夏以胃气为本。病脾脉来，实而盈数，如鸡举足，曰脾病。（《素问·平人气象论》）

---

① Li, Zhaoguo. *Yellow Emperor's Canon of Medicine Spiritual Pivot I* [M]. Xi'an: World Publishing Corporation, 2008: 333.

② Unschuld, P. U. *Huang Di Nei Jing Ling Shu: The Ancient Classic on Needle Therapy* [M]. Berkeley and Los Angeles: University of California Press, 2016: 267.

③ Wu, Liansheng & Wu, Qi. *Yellow Emperor's Canon of Internal Medicine* [M]. Beijing: China Science & Technology Press, 1997: 603.

李本：The normal Spleen-Pulse beats smoothly and softly <u>as a chicken putting its claw on the ground</u>. This is the normal pulse of the spleen. It is important to preserve Weiqi (Stomach-Qi) in late summer. The morbid Spleen-Pulse is forceful and rapid <u>like a chicken raising its claw</u>. This is [the state of] the morbid pulse of the spleen.①

文本：The arrival of a normal spleen [movement in the] vessels is [as follows]:

harmonious, soft, and distanced,

<u>resembling chicken stepping on the earth</u>.

That is called 'the spleen is normal'.

< In late summer take the [presence of] stomach qi as basis [of an assessment]. >

The arrival of a diseased spleen [movement in the] vessels is [as follows]:

replete, abundant, and frequent,

<u>resembling chicken raising their legs</u>.

That is called 'the spleen has a disease'②

吴本：When the coming of the spleen pulse with stomach-energy is mild but adhering with energy, <u>like a cock's claws falling leisurely on the ground when walking</u>, it is the normal pulse condition of spleen, and the stomach-energy is its fundamental energy in long summer. When the coming of the pulse is substantial and rapid, <u>like a cock running swiftly</u>, it is the diseased pulse of the spleen.③

例 2 采用明喻修辞，以"鸡践地""鸡举足"等具体化的动作表

---

① Li, Zhaoguo. *Yellow Emperor's Canon of Medicine Plain Conversation I* [M]. Xi'an: World Publishing Corporation, 2005: 235-237.

② Unschuld, P. U. & Hermann, Tessenow. *An Annotated Translation of Huang Di's Inner Classic—Basic Questions Volume I* [M]. Berkeley and Los Angeles: University of California Press, 2011: 321.

③ Wu, Liansheng & Wu, Qi. *Yellow Emperor's Canon of Internal Medicine* [M]. Beijing: China Science & Technology Press, 1997: 100-101.

达脾的常脉、病脉等抽象的脉象。在喻词的选用上,李本使用as,文本使用resemble,吴本使用like,虽用词不一,但都将原文的喻词"如"准确表达出来。在喻体的选用方面,李本和文本将"鸡"译为chicken,吴氏将"鸡"译为cock。在西方文化中,cock除了具有一般意义上"公鸡"的含义,还是男性生殖器的非正式用语,为避免忌讳用词,采用chicken或rooster更为准确。在动作表达方面,"鸡践地"谓和柔相离,鸡足落地平缓,"鸡举足"谓脉盈数,鸡足落地强急不和,李本a chicken putting its claw on the ground, a chicken raising its claw和文本chicken stepping on the earth, chicken raising their legs译出鸡足落地、举足之静态,不及吴本a cock's claws falling leisurely on the ground when walking和a cock running swiftly能够表达脾脉的和柔、盈数的临床动态体验。中医脉象机理复杂,特征抽象,不易理解和接受。① 在脉象譬喻翻译中,不仅要准确体现喻体在特定文化中的含义,还要结合临床在最大程度上传递本体与喻体之间的相似性。

**例3** 因于湿,首如裹。(《素问·生气通天论》)

李本:Attacked by Dampness (or Wetness), [people will feel that their] heads are [as heavy as] being bound.②

文本:As a result of dampness, the head [feels] as if wrapped with something wet.③

吴本:If the disease stems from the wetness-evil, one's head will feel heavy like being wrapped.④

例3 以明喻表达湿邪侵犯人体,头部重沉不爽,如有物蒙裹之状。三种译本分别采用as, as if, like译出原文喻词"如"。李本和

---

① 孔冉冉,陈战.《黄帝内经·素问》脉象动物隐喻的英译策略与启示[J].环球中医药,2022,15(5):873-875.

② Li, Zhaoguo. *Yellow Emperor's Canon of Medicine Plain Conversation I* [M]. Xi'an: World Publishing Corporation, 2005:29.

③ Unschuld, P. U. & Hermann, Tessenow. *An Annotated Translation of Huang Di's Inner Classic—Basic Questions Volume I* [M]. Berkeley and Los Angeles: University of California Press, 2011:64.

④ Wu, Liansheng & Wu, Qi. *Yellow Emperor's Canon of Internal Medicine* [M]. Beijing: China Science & Technology Press, 1997:19.

吴本使用 heavy 准确译出头部因湿邪侵犯重浊不爽的典型特征,明确传递出原文体现的医学理论。

**例 4** 阳气者,若天与日。(《素问·生气通天论》)

李本：Yangqi ［in the human body］ is just like the sun in the sky.①

文本：As for the yang qi ［in man］, this is like heaven and sun.②

吴本：There is Yang energy in human body like there is sun in the sky.③

例 4 以天上的太阳比喻人体阳气,说明阳气对人体的重要性如同太阳之于天一样,三个译本采用 like 译出原文喻词"若"。古代汉语言简意赅,"若天与日"实则表达天与日的关系如同人体和阳气一样,李本和吴本使用 like the sun in the sky 和 like there is sun in the sky 比较清楚地表达了这种关系,文本使用 like heaven and sun 是字面翻译,不符合原文之义。

明喻是中英文表达中都较常用的譬喻,包含本体、喻体和喻词三要素,这种形式上的通约性决定了英译《黄帝内经》时应在目标语中保留源语譬喻的要素。对《黄帝内经》三个译本明喻翻译的对比表明,准确传递源语比喻的内涵,把言简意赅的古汉语譬喻中蕴含的意义表达出来是明喻翻译的第一要务,同时必须考虑两种语言文化的差异,在翻译中准确传递源语文化的同时,选择恰当的喻体避免文化差异造成的语言禁忌。笔者将明喻翻译的原则概括为:喻体选择要恰当,医理表达要明确,文化传递要准确。

---

① Li, Zhaoguo. *Yellow Emperor's Canon of Medicine Plain Conversation I* ［M］. Xi'an: World Publishing Corporation, 2005：29.

② Unschuld, P. U. & Hermann, Tessenow. *An Annotated Translation of Huang Di's Inner Classic—Basic Questions Volume I* ［M］. Berkeley and Los Angeles: University of California Press, 2011：61.

③ Wu, Liansheng & Wu, Qi. *Yellow Emperor's Canon of Internal Medicine* ［M］. Beijing: China Science & Technology Press, 1997：19.

## (二) 暗喻的翻译

暗喻包含本体、喻体两部分,在形式上没有比喻词,多用"为""是""……者……也"来呈现比喻关系。

**例 1** 心者,<u>君主之官</u>也,神明出焉。肺者,<u>相傅之官</u>,治节出焉。肝者,<u>将军之官</u>,谋虑出焉。胆者,<u>中正之官</u>,决断出焉。膻中者,<u>臣使之官</u>,喜乐出焉。脾胃者,<u>仓廪之官</u>,五味出焉。大肠者,<u>传道之官</u>,变化出焉。小肠者,<u>受盛之官</u>,化物出焉。肾者,<u>作强之官</u>,伎巧出焉。三焦者,<u>决渎之官</u>,水道出焉。膀胱者,<u>州都之官</u>,津液藏焉,气化则能出矣。(《素问·灵兰秘典论》)

表 1 是李本、文本、吴本对例 1 中术语的翻译。

**表 1 暗喻翻译示例(一)**

| 术语 | 李本① | 文本② | 吴本③ |
| --- | --- | --- | --- |
| 君主之官 | the organ similar to the monarch | the official functioning as Ruler | supreme commander or the monarch of the human body |
| 相傅之官 | the organ similar to a prime minister | the official functioning as Chancellor and Mentor | like a prime minister |
| 将军之官 | the organ similar to a general | the official functioning as General | like a general |
| 中正之官 | the organ similar to an official of justice | the official functioning as Rectifier | like an impartial judge |
| 臣使之官 | the organ similar to an envoy | the official functioning as Minister and Envoy | like a butler of the king |
| 州都之官 | the organ similar to an official in charge of reservoir | the official functioning as Regional Rectifier | take the office of gathering |

---

① Li, Zhaoguo. *Yellow Emperor's Canon of Medicine Plain Conversation I* [M]. Xi'an: World Publishing Corporation, 2005: 109 – 111.

② Unschuld, P. U. & Hermann Tessenow. *An Annotated Translation of Huang Di's Inner Classic—Basic Questions Volume I* [M]. Berkeley and Los Angeles: University of California Press, 2011: 155 – 158.

③ Wu, Liansheng & Wu, Qi. *Yellow Emperor's Canon of Internal Medicine* [M]. Beijing: China Science & Technology Press, 1997: 55 – 56.

续表

| 术语 | 李本 | 文本 | 吴本 |
|---|---|---|---|
| 传道之官 | the organ similar to an official in charge of transportation | the official functioning as Transmitter along the Way | the route for transmitting the drosses |
| 受盛之官 | the organ similar to an official in charge of reception | the official functioning as Recipient of what has been perfected | receive the food from the stomach |
| 作强之官 | the organ similar to an official with great power | the official functioning as Operator with Force | an organ with strong functions |
| 决渎之官 | the organ similar to an official in charge of dredging | the official functioning as Opener of Channels | take the office of dredging water |

  例1运用暗喻，以十二官喻十二脏腑功能，句式工整，形象生动地说明十二脏腑在人体中的地位和主要功能。在比喻的呈现方式上，李本和文本以明喻方式呈现原文的暗喻，将原文的譬喻显现出来，但喻词选用有差异，李本使用 similar to，文本使用 functioning as，吴本或使用 like 将暗喻显化，或者直接言明脏腑功能，省略喻词不译。在喻体的选用上，对于"君主"的翻译，李本、吴本皆使用 monarch，文本使用 ruler；对于"相傅"的翻译，李本和吴本使用 prime minister，文本使用 chancellor and mentor；对于"将军"的翻译，三个版本皆使用了 general；对于"中正"的翻译，李本使用 justice，吴本使用 judge，文本使用 rectifier；对于"臣使"的翻译，李本和文本使用 envoy，吴本使用 butler；对于"州都"的翻译，李本使用 an official in charge of reservoir，文本使用 regional rectifier，吴本则舍去譬喻而解释术语。以上分析表明，君主、相傅、将军、中正、臣使、州都等官职的意象都对等地映射到译文中，只是在选词上略有差异。笔者认为，官职制度为理解中医医理提供了便捷而有效的方式，是原文作者"有意而为之"，具有很高的譬喻价值，应当予以保留。鉴于术语简洁性的要求和《素问·灵兰秘典论》的对仗表述，笔者尝试把以上诸官翻译如下：

君主之官：monarch organ; organ of monarch
相傅之官：minister organ; organ of minister
将军之官：general organ; organ of general
中正之官：justice organ; organ of justice
臣使之官：envoy organ; organ of envoy
州都之官：regional rectifier organ; organ of regional rectifier

仓廪之官、传道之官、受盛之官、作强之官、决渎之官等直接言明脏腑的功能，即脾胃受纳腐熟、大肠传送糟粕、小肠受盛胃所消化之物并泌别清浊、肾贮藏精气为力强身健之根本、三焦通利水道等功能。笔者认为，此五官承袭君主之官、相傅之官、将军之官、中正之官、臣使之官的思维模式，但没有明显的意象，故翻译时应以医理为重。世界中医药学会联合会颁布的《中医基本名词术语中英对照国际标准》和国家名词委颁布的《中医药学名词》把"传道之官"分别译作 officer in charge of transportation 和 official of transportation。两者译文并无明显差异，只是中国历代并无"传道"官员，officer 或 official 便无从谈起。《中华人民共和国国家标准·中医基础理论术语》把"决渎之官"译作 organ of drainage 似更加合理。笔者认为，仓廪之官、传道之官、受盛之官、作强之官、决渎之官虽然承袭了君主之官的表达方式，但中国古代没有仓廪、传道、受盛、作强、决渎这样的官职。因此，原文并没有表达"仓廪""传道""受盛""作强""决渎"为官员之义，如果在翻译中加入"官员"的意象，反而会导致古代中国有类似官职的误解。由此可见，"仓廪之官""传道之官""受盛之官""作强之官""决渎之官"等术语中的"官"应为"器官"。① 笔者尝试翻译如下：

仓廪之官：granary organ; organ of granary
传道之官：conduction organ; organ of conduction
受盛之官：reception organ; organ of reception

---

① 李成华. 中医藏象术语的隐喻认知及英译研究[M]. 苏州：苏州大学出版社，2020：93-96.

作强之官：labor organ; organ of labor

决渎之官：dredging organ; organ of dredging

在喻词的使用上，鉴于本体、喻体所指的明确性，笔者认为可遵从原文简洁表述，可以省略喻词，如将"心者，君主之官也，神明出焉"译作 The heart is the monarch organ, responsible for mental activities。其他诸官翻译，以此类推。

**例2** <u>头者精明之府</u>，头倾视深，精神将夺矣。<u>背者胸中之府</u>，背曲肩随，府将坏矣。<u>腰者肾之府</u>，转摇不能，肾将惫矣。<u>膝者筋之府</u>，屈伸不能，行则偻附，筋将惫矣。<u>骨者髓之府</u>，不能久立，行则振掉，骨将惫矣。（《素问·脉要精微论》）

表2是李本、文本、吴本对例2中术语的翻译。

表2 暗喻翻译示例（二）

| 术语 | 李本① | 文本② | 吴本③ |
| --- | --- | --- | --- |
| 头者精明之府 | The head is the house of Jingming. | As for the head, it is the palace of essence brilliance. | The head is where the spirit locates. |
| 背者胸中之府 | The back is the house of the chest. | As for the back, it is the palace of that which is in the chest. | All the shu-points of viscera are on the back. |
| 腰者肾之府 | The waist is the house of the kidney. | As for the lower back, it is the palace of the kidneys. | The kidney energy appears on the loin. |
| 膝者筋之府 | The knees are the houses of the sinews. | As for the knees, they are the palace of the sinews. | The tendon energy appears on the knees. |
| 骨者髓之府 | The bones are the houses of the marrow. | As for the bones, they are the palace of the marrow. | The energy of the bone appears in the marrow. |

① Li, Zhaoguo. *Yellow Emperor's Canon of Medicine Plain Conversation I* [M]. Xi'an：World Publishing Corporation, 2005：203.

② Unschuld, P. U. & Hermann, Tessenow. *An Annotated Translation of Huang Di's Inner Classic—Basic Questions Volume I* [M]. Berkeley and Los Angeles：University of California Press, 2011：280-281.

③ Wu, Liansheng & Wu, Qi. *Yellow Emperor's Canon of Internal Medicine* [M]. Beijing：China Science & Technology Press, 1997：88.

例2 将头、背、腰、膝、骨都比作"府"。《朗文当代英语词典》把 house 解释为 where someone lives，即"居住之所"；《说文解字》段玉裁注："文书所藏之处曰府，引申为府史胥徒之府。"由此可见，英文 house 与"府"意义相近，house 能够表达出"府"的比喻意义，文树德在溯源"府"意义的基础上使用 palace 作为"府"的对应词；吴氏则采用解释翻译法，试图说明譬喻蕴含的意义。笔者认为，从句式表达的工整性、中西文化的通约性、譬喻传递的准确性视角看，李照国的译文更具价值。

**例3** 春应中规，夏应中矩，秋应中衡，冬应中权。（《素问·脉要精微论》）

李本：The pulse appears smooth as a pair of compasses in spring, as full as a ruler in summer, as floating as the arm of the steelyard in autumn and as sunken as the sliding weight of a steelyard in winter. ①

文本：In spring it should meet the circle; in summer it should meet the square. In autumn it should meet the beam; in winter it should meet the weight. ②

吴本：The spring pulse in correspondence should like a pair of compasses with a soft Yang energy; the summer pulse in correspondence should like a ruler with a strong and abundant Yang energy; the autumn pulse in correspondence should like a balance with ascending Yin and descending Yang in different levels; and the winter pulse in correspondence should like a scale with Yang energy abiding low. ③

例3 以规、矩、衡、权等日常生活常见事物比喻四时常脉之象，

---

① Li, Zhaoguo. *Yellow Emperor's Canon of Medicine Plain Conversation I* [M]. Xi'an: World Publishing Corporation, 2005: 205.

② Unschuld, P. U. & Hermann, Tessenow. *An Annotated Translation of Huang Di's Inner Classic—Basic Questions Volume I* [M]. Berkeley and Los Angeles: University of California Press, 2011: 284.

③ Wu, Liansheng & Wu, Qi. *Yellow Emperor's Canon of Internal Medicine* [M]. Beijing: China Science & Technology Press, 1997: 89.

"规"是测量圆的器械,"矩"是测量方的器械,"衡"指秤杆,"权"指秤砣。王冰注:"权谓秤权,衡谓星衡,规谓圆形,矩谓方象。"李本用 compass, ruler, arm of the steelyard 和 sliding weight of a steelyard 直译对应原文喻体;文本未在译文中再现譬喻,而是直接指出规、矩、衡、权的功能;吴本保存喻体形象,同时增加解释以求符合医理。在医理明确的前提下,应当保存原文喻体,以体现中华优秀传统文化的价值。笔者将暗喻翻译的原则概括为:以阐释医理为先,以保留意象为优,舍去意象以求医理。

### (三)借喻的翻译

与明喻和暗喻不同,借喻直接以喻体代替本体,使本体和喻体的联系更为密切,但在表达上会出现语义模糊现象。

**例1** 开鬼门,洁净府。(《素问·汤液醪醴论》)

李本:The therapeutic methods for opening Guimen (sweat pores) and clearing the Jingfu (the bladder) can be used.①

文本:This clears the five depots and opens the passage through them.②

吴本:… the Yang-energy in the five viscera of the patient being spread, the stagnations in the five viscera being cleared …③

"鬼门"和"净府"所指古有争议。据高士宗《黄帝内经素问直解》,"开鬼门,乃开发毛腠而汗出也;洁净府,乃小便利而中渎之府清洁也"④。现代教材多宗此说。张灿玾注:鬼门即汗孔,净府即膀胱。⑤李照国遵此阐释,将"鬼门"和"净府"分别译出本体

---

① Li, Zhaoguo. *Yellow Emperor's Canon of Medicine Plain Conversation I* [M]. Xi'an: World Publishing Corporation, 2005:175.
② Unschuld, P. U. & Hermann, Tessenow. *An Annotated Translation of Huang Di's Inner Classic—Basic Questions Volume I* [M]. Berkeley and Los Angeles: University of California Press, 2011:245.
③ Wu, Liansheng & Wu, Qi. *Yellow Emperor's Canon of Internal Medicine* [M]. Beijing: China Science & Technology Press, 1997:78.
④ (清)高士宗. 黄帝内经素问直解[M]. 北京:科学技术文献出版社,1982:111.
⑤ 张灿玾,徐国仟,宗全和. 黄帝内经素问校释[M]. 北京:中国医药科技出版社,2016:93.

sweat pores 和 the bladder；文树德则将其阐释为五脏和五脏之间的通路，译作 the five depots 和 the passage through them；吴氏将其解读为五脏阳气和五脏郁结，译作 Yang-energy in the five viscera 和 the stagnations in the five viscera。与明喻和暗喻相比，借喻因未直接言明本体，译者对汉语文本和中医理论的理解在很大程度上会影响他们的翻译。

**例2** <u>仓廪</u>不藏者，是<u>门户</u>不要也；<u>水泉</u>不止者，是膀胱不藏也。（《素问·脉要精微论》）

李本：Failure of the <u>Canglin ( granary )</u> to store up is due to failure of the <u>Menhu ( anus )</u> to restrain. Incontinence of <u>urine</u> is due to failure of the bladder to store ( urine ). ①

文本：When <u>the granaries</u> do not [ keep what they ] store, in this case <u>the doors</u> are not under control. When the <u>water fountain</u> does not stop, in this case the urinary bladder does not [ keep what it ] stores. ②

吴本：If the stomach and intestine of the patient can hardly hold the <u>water and cereal</u> with fecal incontinence, it is <u>asthenia of kidney</u> which fails to confine; if there is incontinence of <u>urine</u>, it is due to the inability of the shut and store of the bladder. ③

例2以借喻说明二便失禁的原因：大便失禁，责在肛门；小便失禁，责在膀胱。三种译本在语义理解上是一致的，直译"仓廪"为 granary 或 cereal，意译"水泉"为 urine；对于"门户"的翻译，李本意译为 anus，文本直译为 doors，吴本则未直接译出对应词。笔者认为，采用意译法译出借喻的本体，于医理的阐释上会更加明了。笔者将借喻翻译的原则概括为：意译为主，阐释医理。

---

① Li, Zhaoguo. *Yellow Emperor's Canon of Medicine Plain Conversation I* [M]. Xi'an: World Publishing Corporation, 2005：201.

② Unschuld, P. U. & Hermann, Tessenow. *An Annotated Translation of Huang Di's Inner Classic—Basic Questions Volume I* [M]. Berkeley and Los Angeles: University of California Press, 2011：279-280.

③ Wu, Liansheng & Wu, Qi. *Yellow Emperor's Canon of Internal Medicine* [M]. Beijing: China Science & Technology Press, 1997：87.

## 五、譬喻翻译对文化传播的启示

譬喻作为一种修辞和认知手段，是人类普遍使用的语言策略，在中医学领域集中体现在取象比类的思维方法上，即取熟悉之象喻陌生医理。譬喻成为近年来国内外中医学界、翻译学界研究中医基础理论和中医典籍的重要内容。

文树德特别倡导解释隐喻术语的原初含义，提出决定譬喻存亡的理性原则：既然中医至今仍然以《黄帝内经》所建立的概念系统为圭臬，因此在《黄帝内经》时代就存在的譬喻就应该予以译出。[①] 著名中医翻译家魏迺杰博士提倡"源语导向"的翻译观，在术语隐喻的翻译方面，他认为，以譬喻或类比方式形成的中医名词，翻译者可以选择根据或非根据字面含义的翻译方式加以译解，根据字面含义去翻译隐喻名词并配合充分的注解是翻译者该当依循的不二法门。[②] 李照国认为，中医是一门医学科学，中医翻译首先要向读者传达中国古老的医学科学知识，译者不必为放弃原文的修辞手段而惋惜不已。[③] 贾春华指出，中医传统理论由一串串的隐喻构成，一个好的隐喻不仅可以解释人体的生理、病理，同时也是确立治则、创制方剂的重要源泉。[④] 李孝英指出，中医药走向世界，准确翻译是第一步。中医药文化的准确传播、中医药海外传播话语体系的构建、中医药文化（包括各种中医典籍）的翻译都必须尊重中国传统的文化思维，模拟中国文化的隐喻路径，实施对等、等效的对译，并在此前提下统一中医药术语概念的翻译标准，真正把中医药的国际形象树立起来。[⑤]

笔者认为，譬喻在中西文化中具有通约性，这是中医譬喻英译

---

[①] 魏迺杰. 英汉、汉英中医词典[Z]. 长沙：湖南科学技术出版社，2006：22.
[②] 魏迺杰. 英汉、汉英中医词典[Z]. 长沙：湖南科学技术出版社，2006：22-23.
[③] 李照国. 中医英语翻译技巧[M]. 北京：人民卫生出版社，1997：18.
[④] 贾春华. 取象比类语境下的中医学[J]. 世界科学技术—中医药现代化，2017，19(9)：1481-1484.
[⑤] 李孝英，赵彦春. 中医药走向世界，准确翻译是第一步[N]. 光明日报，2022-04-02(007).

的基本前提。中医学首先是一门医学,准确阐释中医理论是中医譬喻翻译的出发点和归宿,中医学同时也是一门文化学。取象比类的思维是中医学理论体系构建的基石,没有中医譬喻的翻译,就没有中医思维的传播。鉴于《黄帝内经》的譬喻以明喻和暗喻为主要表现形式的事实和中西文化的差异,笔者认为,明喻和暗喻的翻译应当明确地在译文中再现喻体,采用以异化为主的策略和以直译为主的方法保留中医理论全貌,对于有明显文化冲突的明喻和暗喻,可转化喻体以传递中医理论为要。对于《黄帝内经》存量较少的借喻,为避免直译造成的模糊,当以归化策略和意译为佳。

## 第二节 借 代

借代是借用事物之间的相关性而产生指代关系的修辞手法,是借用一种事物表达另一种事物,也是一种因相关而产生的联想认知方式。《黄帝内经》借用阴阳五行和取象比类思维阐释中医学理论,存在大量借代现象。

### 一、借代的概念

借代作为一种修辞现象,有着悠久的历史。早在西周时期,借代就出现在青铜器铭文中。至春秋战国时期,借代已得到了广泛应用,出现了服饰特征代、生理特征代、工具作用代等多种类型。秦汉至南北朝是借代修辞发展的重要时期,出现了事物产地、作者、别称异名等新的借代形式。① 唐宋时期,借代修辞有了进一步发展,除了借代方式的发展和更新,借代还开始广泛应用于诗词中。元明清时期,借代得到了全面继承,使用范围更加广泛,在使用中追求通俗的口语特色成为这一时期借代的鲜明特征,如用"圆眼"指代桂圆,明清小说中广泛使用绰号指代有此类特征的人,如"急先锋""拼命三郎"等。

---

① 宗廷虎,陈光磊. 中国修辞史(上中下)[M]. 长春:吉林教育出版社,2007.

尽管借代出现早、应用广，但学界对这一辞格的品评和定义出现较晚。唐代崔融在《新定诗格》中最早论及借代辞格，称其为"菁华体"。① 直到20世纪，借代才逐渐有了比较明确的定义和分类。陈望道在《修辞学发凡》中首次正式命名"借代"这一修辞格，并将其定义为：所说事物纵然同其他事物没有类似点，假使中间还有不可分离的关系时，作者也可借那关系事物的名称，来代替所说的事物，如此借代的，名叫借代辞。② 王希杰在《汉语修辞学》中提到，借代就是借彼代此，不用人或事物的本来名称，借用其他具有相关关系的人或事物的名称来称呼它。③ 从以上定义可以看出，修辞学家都是从事物之间的相关性出发来定义借代修辞。笔者认为，这一相关性恰好说明借代是一种认知方式。借代在形式上是用一种事物来指另一种事物，在本质上则是借助两种事物之间的客观联系而产生的换名表达，目的是增强描述效果。

## 二、借代的分类

陈望道将借代分为旁借和对代两类。旁借指伴随事物和主干事物间的借代关系，对代多是部分与整体以及不同事物之间各种对应现象的相互指代。④ 他进一步将旁借分为事物和其特征或标记相代、事物和事物的所在或所属相代、事物和事物的作家或产地相代、事物和事物的资料或工具相代四种，将对代进一步分为部分和全体相代、特定和普通相代、具体和抽象相代、原因和结果相代四种。这一基于指代和被代关系的分类方式得到了学界的广泛认可，此后学界对借代的分类基本相同，只是做了一些删减或细枝末节的改动。方曙明以借代格的构成方式为依据，将借代分为20类。⑤ 谭永祥提出了不同的分类方法，他将借代分为专代和兼代两

---

① 王刚. 借代辞格研究[D]. 保定：河北大学，2005.
② 陈望道. 修辞学发凡[M]. 上海：复旦大学出版社，2008：65.
③ 王希杰. 汉语修辞学[M]. 北京：商务印书馆，2004：403.
④ 陈望道. 修辞学发凡[M]. 上海：复旦大学出版社，2008：65-69.
⑤ 方曙明. 谈借代格的构成方式[J]. 池州师专学报，2003，17（2）：43-45.

大类,并进一步将专代分为音代、形代和意代三小类,将兼代分为修饰部分兼代被修饰部分和陈述部分兼代被陈述部分两小类。①这一分类方式是基于指代和被代之间的音、形、意的联系,但对兼代的分类并不全面。

《黄帝内经》中的借代通常是利用事物之间的关系来阐述深奥的医理。为便于讨论,本书着眼于所借事物和所说事物的关系,将借代分为抽象与具体的借代、局部与整体的借代、特征与事物的借代三类。

## 三、《黄帝内经》与借代

### (一) 抽象与具体的借代

抽象概指事物的性质、状态、关系、作用等,具体则指特定事物的形体。基于阴阳五行和取象比类思维,《黄帝内经》使用大量抽象概念,与人的生理、病理形成借代关系。

1. 抽象代具体

**例1** <u>阴阳</u>俱感,邪乃得往。(《灵枢·邪气脏腑病形》)

**例2** 巨阳<u>引精</u>者三日,中年者五日,<u>不精</u>者七日,咳出青黄涕,其状如脓,大如弹丸,从口中若鼻中出,不出则伤肺,伤肺则死也。(《素问·评热病论》)

**例3** 帝曰:其<u>主病</u>何如? 岐伯曰:司岁备物,则无遗主矣。(《素问·至真要大论》)

例1以"阴""阳"指代五脏和六腑。脏腑分阴阳,五脏藏精气而不泻,主藏为静,故为阴;六腑传化物而不藏,主传化为动,故为阳。用抽象的"阴""阳"来指代具体脏腑器官,既能说明这些脏腑器官的属性,同时又能简单明了涵盖各类脏腑器官。例2中"引精""不精"是人的抽象生理机能,用来指代具有此种生理机能的

---

① 谭永祥. 借代的范围和分类[J]. 安庆师范学院学报(社会科学版),1988(4): 91–98.

年轻人和老年人。例3中"主病"是药物的功能,此处用来指代药物,用抽象的药物功能指代具体的药物,能更好地解释后文为什么说要根据岁气采备药物,因为不同岁气时令采备的药物具有不同的功能。

2. 具体代抽象

**例1** 膈肓之上,中有父母,七节之傍,中有小心,从之有福,逆之有咎。(《素问·刺禁论》)

**例2** 暮世之治病也则不然,治不本四时,不知日月,不审逆从,病形已成,乃欲微针治其外,汤液治其内。(《素问·移精变气论》)

**例3** 男内女外,坚拒勿出,谨守勿内,是谓得气。(《灵枢·终始》)

**例4** 脾胃者,仓廪之官,五味出焉。(《素问·灵兰秘典论》)

例1以"父母"这一具体形象来指代心肺在机体中父母官的功能。例2提示治病不能根据四时的变化,而不知道阴阳色脉关系的危害,用"日""月"两个具体的事物指代抽象的阴阳。例3描述阴阳之气的出入,阳气内入,阴气外出,用"男""女"来指代抽象的"阳"和"阴"。例4描述脾胃的功能时以具体的"五味"来指代抽象的饮食营养。

## (二) 局部与整体的借代

《黄帝内经》中的局部与整体的借代多见于脏腑、穴位之间的指代以及不同计量单位间的指代。

1. 局部代整体

**例1** 揆度阴阳,奇恒五中,决以明堂,审于终始,可以横行。(《素问·疏五过论》)

**例2** 方刺之时,必在悬阳,及与两卫,神属勿去,知病存亡。(《灵枢·九针十二原》)

**例3** 余闻上古之人,春秋皆度百岁,而动作不衰。(《素问·上古天真论》)

《灵枢·五色》中有"明堂者,鼻也"之论,因鼻属面部之一部分,故例1以鼻指代整个面部的气色。"两卫"属于眉目部位,例2借以泛指整个面部,例3是用"春""秋"这两个季节指代整年。

2. 整体代局部

**例1** 此阴气盛而阳气虚,阴气疾而阳气徐,阴气盛而阳气绝,故为唏。补足太阳,泻足少阴。(《灵枢·口问》)

**例2** 肾因传之心,心即复反传而行之肺,发寒热,法当三岁死,此病之次也。(《素问·玉机真脏论》)

例1以"足太阳"指代申脉穴,以"足少阴"指代照海穴,是以经脉代穴位。例2以时间单位"岁"指代时间单位"日",是以年代的整体代局部。

(三)特征与事物的借代

为使医理更加通俗易懂,《黄帝内经》中频繁使用事物的性状、外表、方位、所属、数量等特征来指代具体事物。

**例1** 白露早降,收杀气行,寒雨害物,虫食甘黄。(《素问·气交变大论》)

**例2** 大雨时行,鳞见于陆。(《素问·至真要大论》)

**例3** 右主推之,左持而御之,气至而去之。(《灵枢·九针十二原》)

**例4** 愿得受树天之度,四时阴阳合之,别星辰与日月光,以彰经术,后世益明,上通神农,著至教疑于二皇。(《素问·著至教论》)

**例5** 气之过于寸口也,上十焉息?下八焉伏?何道从还?不知其极。(《灵枢·动输》)

例1以"甘""黄"两个表示味道和颜色的性状特征来指代白露节气之后味甘色黄之物,是借性状特征指代事物本身。例2以鱼鳞指代鱼,是借外表特征指代相应事物。例3以"左"指代左手,是借所在方位指代事物,《黄帝内经》中有大量以方位指代所在方位的器官、经脉、脏腑及脏腑功能的例子。例4以"神农"指代《神农本草经》,以作者指代作品,是典型的以事物所属指代事物。例5以数字"十"指代气盛,以数字"八"指代气衰,是借数量特征指代事物。

### （四）借代的作用

借代既是一种修辞方式，也是一种思维和认知方式。① 在中国传统文化中，阴阳五行是认识世界的普遍模式，万事万物都被纳入这一模式中，在阴阳五行模式下，产生了很多特有的借代。《黄帝内经》包含了大量的抽象哲理以及晦涩的医理，大量使用修辞格，形象精练地阐述中医学深奥的理论，向世人呈现出中国文化医文互通、医文互用的独特风格，奠定了中医学黑箱理论传承的语言基础。② 通过借代，作者可以更生动地传递本体的概念，相比抽象的医理，读者更容易理解具体的事物以及事物的性状特征，从而可以通过相关性联想更好地理解复杂的医学理论。

## 四、《黄帝内经》借代翻译的对比研究

### （一）抽象与具体的借代翻译

**例1** 阴阳俱感，邪乃得往。（《灵枢·邪气脏腑病形》）

李本：Only when both Yin and Yang are damaged can Xie (Evil) invade the body. (Yin（阴）refers to the Five Zang-Organs and Yang（阳）refers to the Six Fu-Organs.)③

文本：If both the yin and the yang realm are affected, the evil [qi] will proceed. (Yin realm here refers to the five long-term depots. Yang realm refers to the six short-term repositories.)④

吴本：Both the solid organs and the hollow organs can be invaded, but it is only the external evil and the internal evil can cause

---

① 宗廷虎，陈光磊．中国修辞史（上中下）[M]．长春：吉林教育出版社，2007．
② 赵阳，施蕴中．《内经》修辞格及英译实例分析[J]．中西医结合学报，2009，7（5）：488–490．
③ Li, Zhaoguo. *Yellow Emperor's Canon of Medicine Spiritual Pivot I* [M]. Xi'an: World Publishing Corporation, 2008: 71, 96.
④ Unschuld, P. U. *Huang Di Nei Jing Ling Shu: The Ancient Classic on Needle Therapy* [M]. Berkeley and Los Angeles: University of California Press, 2016: 89.

the retention of the disease. ①

**例1** 以抽象的"阴""阳"来指代具体的五脏和六腑。三个译本都关注了原文中的借代修辞,李本和文本都是直译所借属性并通过加注的方式译出所指事物,吴本则直接在译文中将所指的具体事物译出。

**例2** 男内女外,坚拒勿出,谨守勿内,是谓得气。(《灵枢·终始》)

李本:[In needling, measures should be taken to enable] Yangqi to enter [into the body] and Yinqi to come out [of the body, so that they can communicate with each other] …②

文本:When male [yang qi] are inside and female [yin qi] are outside, [the qi] are to be stabilized lest they leave [their normal location] …③

吴本:When the patient is a man, wait for the Wei-energy to have the acupuncture feeling; when the patient is a woman, wait for the Ying-energy to have the acupuncture feeling …④

本例描述阴阳之气的出入,用具体的"男""女"来指代抽象的"阳""阴"。李本和文本都认识到了这一借代,李本采用意译策略直接翻译出了指代意,文本采用直译加意译的方式将所借和所指都翻译了出来。而吴本即便保留了原文中"男""女",并用 Wei-energy 和 Ying-energy 表示了所指意义,但其对原文的理解并不准确,因此译文不可取。

### (二) 局部与整体的借代翻译

**例1** 天地之间,六合之内,其气九州九窍、五脏、十二节,皆通乎天气。(《素问·生气通天论》)

---

① Wu, Liansheng & Wu, Qi. *Yellow Emperor's Canon of Internal Medicine* [M]. Beijing: China Science & Technology Press, 1997: 516.

② Li, Zhaoguo. *Yellow Emperor's Canon of Medicine Spiritual Pivot I* [M]. Xi'an: World Publishing Corporation, 2008: 179.

③ Unschuld, P. U. *Huang Di Nei Jing Ling Shu: The Ancient Classic on Needle Therapy* [M]. Berkeley and Los Angeles: University of California Press, 2016: 171.

④ Wu, Liansheng & Wu, Qi. *Yellow Emperor's Canon of Internal Medicine* [M]. Beijing: China Science & Technology Press, 1997: 553.

李本：All those within the heavens and the earth as well as the Liuhe (six directions) are interrelated with Tianqi (heaven qi) …①

文本：Between heaven and earth and within the six [cardinal points] uniting [the world] all the qi … communicate with the qi of heaven …②

吴本：All things on the earth and in the space communicate with the Yin and Yang energies. Human being is a small universe as human body has everything that the universe has …③

"六合"指上、下和东、西、南、北四方，本例用来指代宇宙，是局部代整体的借代。李本和文本都选择了音译加直译的方式，保留了"六合"这一具有中国文化特色的词汇，吴本则选择意译的方式译出了其指代意义。

**例2** 此阴气盛而阳气虚，阴气疾而阳气徐，阴气盛而阳气绝，故为唏。补足太阳，泻足少阴。（《灵枢·口问》）

李本：This [is caused by] predominance of Yinqi and deficiency of Yangqi … [This disease can be treated by needling the Acupoints located on the Bladder Channel of] Foot-Taiyang with reinforcing [techniques] and [the Acupoints located on the Kidney Channel of] Foot-Shaoyin with reducing [techniques]. ④

文本：In that case, the yin qi abound while the yang qi are depleted … Hence the moaning. One supplements the foot major yang [conduit] and drains the foot minor yin [conduit]. ⑤

---

① Li, Zhaoguo. *Yellow Emperor's Canon of Medicine Plain Conversation I* [M]. Xi'an: World Publishing Corporation, 2005: 27.

② Unschuld, P. U. & Hermann, Tessenow. *An Annotated Translation of Huang Di's Inner Classic—Basic Questions* [M]. Berkeley and Los Angeles: University of California Press, 2011: 59.

③ Wu, Liansheng & Wu, Qi. *Yellow Emperor's Canon of Internal Medicine* [M]. Beijing: China Science & Technology Press, 1997: 18.

④ Li, Zhaoguo. *Yellow Emperor's Canon of Medicine Spiritual Pivot II* [M]. Xi'an: World Publishing Corporation, 2008: 435.

⑤ Unschuld, P. U. *Huang Di Nei Jing Ling Shu: The Ancient Classic on Needle Therapy* [M]. Berkeley and Los Angeles: University of California Press, 2016: 330-331.

吴本：When one's Yin energy is overabundant and the Yang energy is deficient … the syndrome of swallowing together with rapid respiration will occur. When treating, invigorate by pricking the <u>Foot Taiyang Channel of Bladder</u>, and purge by pricking the <u>Foot Shaoyin Channel of Kidney</u>.①

例2 以"足太阳"指代申脉穴，以"足少阴"指代照海穴，是以整体的经脉代局部的穴位。三个译本中，只有李本理解到了这种借代，虽未明确翻译出具体指代的穴位，但译出了 acupoints 一词，而文本和吴本均未译出这种借代。由此看出，此类翻译只有真正了解中国古代文化以及中医医理才能做到准确翻译。

### （三）特征与事物借代的翻译

**例1** 厥阴所至为<u>毛</u>化，少阴所至为<u>羽</u>化，太阴所至为<u>倮</u>化，少阳所至为<u>羽</u>化，阳明所至为<u>介</u>化，太阳所至为<u>鳞</u>化。（《素问·六元正纪大论》）

李本：The arrival of Jueyin indicates multiplication of <u>caterpillar</u>; the arrival of Shaoyin indicates breeding of <u>animals with wings</u>; the arrival of Taiyin indicates breeding of <u>naked worms</u> …②

文本：Where the ceasing yin [qi] arrives, there is transformation affecting the <u>hairy [creatures]</u>. Where the minor in [qi] arrives, there is transformation affecting the <u>feathered [creatures]</u>. Where the major yin [qi] arrives, there is transformation affecting the <u>naked [creatures]</u> …③

吴本：On the arrival of the Jueying energy, the <u>animals with fur</u> can multiply; on the arrival of the Shaoyin energy, the <u>animals with</u>

---

① Wu, Liansheng & Wu, Qi. *Yellow Emperor's Canon of Internal Medicine* [M]. Beijing: China Science & Technology Press, 1997: 637.

② Li, Zhaoguo. *Yellow Emperor's Canon of Medicine Plain Conversation III* [M]. Xi'an: World Publishing Corporation, 2005: 1031.

③ Unschuld, P. U. & Hermann, Tessenow. *An Annotated Translation of Huang Di's Inner Classic—Basic Questions* [M]. Berkeley and Los Angeles: University of California Press, 2011: 513.

wings can multiply; on the arrival of the Taiyin energy, the <u>animals in naked bodies</u> can multiply …①

"毛""羽""倮""介""鳞"都不是字面意义上的羽毛、鳞介等，而是以外表特征指代具有这些特征的动物。三个译本均关注了这种借代，并使用不同的表达直接将所指事物译出，从而填补了"文本空白"②，帮助读者更好理解其真实含义。

**例 2** 故形脏<u>四</u>，神脏<u>五</u>，合为九脏以应之也。（《素问·六节藏象论》）

李本：[ In the human body, ] there are Jiuzang ( nine internal organs), including <u>four Xingzang ( the Zang-Organs that store things)</u> and <u>five Shenzang ( the Zang-Organs that store spirit)</u> which together match [ the nine kinds of Tianqi]. ③

文本：The fact is, the physical depots are <u>four</u>, the spirit depots are <u>five</u>. Together this makes nine depots to correspond to them. (The "four physical depots" are, first, the temples at the head … They are named [ <u>physical depots</u> ] because segments of physical appearance constitute these depots. The "five spirit depots" are, first, the liver; second, the heart; third, the spleen; fourth, the lung; and, fifth, the kidneys …)④

吴本：For man, there are nine viscera, that is, the <u>four</u> organs which store substances (<u>stomach, large intestine, small intestine, bladder</u>) and the <u>five</u> organs which store the spirits (<u>lung stores inferior spirit, liver stores soul, heart stores spirit, spleen stores consciousness, kidney stores will</u>) …⑤

---

① Wu, Liansheng & Wu, Qi. *Yellow Emperor's Canon of Internal Medicine* [M]. Beijing: China Science & Technology Press, 1997: 422.

② 梁舒佩，李琳，蒋基昌. 接受理论视阈下《黄帝内经》英译研究——以倪译本和李译本为例[J]. 环球中医药, 2020, 13(10): 1783-1785.

③ Li, Zhaoguo. *Yellow Emperor's Canon of Medicine Plain Conversation I* [M]. Xi'an: World Publishing Corporation, 2005: 119.

④ Unschuld, P. U. & Hermann, Tessenow. *An Annotated Translation of Huang Di's Inner Classic—Basic Questions* [M]. Berkeley and Los Angeles: University of California Press, 2011: 168.

⑤ Wu, Liansheng & Wu, Qi. *Yellow Emperor's Canon of Internal Medicine* [M]. Beijing: China Science & Technology Press, 1997: 58.

"四""五"分别指代四种器官和五种器官,是典型的以数量特征指代事物。显然,仅译出数字不能帮助读者完整地理解含义,因此需将数字的具体所指译出。三个译本在翻译时均考虑到了这一指代含义,且都采用了字面直译加注进行翻译。不同的是,李本是音译加文内括号意译,文本在文后加注,吴本采用直译加文内括号加注。

多种修辞手法的运用能够具体形象地阐述抽象深奥的医理,是《黄帝内经》的一大特色,但也是翻译的难点所在。[①]《黄帝内经》中特征与事物的借代很多都是有中国传统文化特色的借代,翻译应在准确传达原文意思的同时体现文化特色。对于借代的翻译,首先要明确借代所指,明晰其蕴含的医理和文化,以直译为主保留文体风格,辅以意译注释填补文化空缺。对《黄帝内经》三个译本借代翻译的对比研究表明,准确传递源语借代的内涵,把真实的所指意义表达出来是第一要务。

## 五、借代翻译对文化传播的启示

修辞学站在表达者的立场上研究表达效果,而翻译是为了方便读者理解和接受。《黄帝内经》不仅是综合性医书,更是博大精深的中医文化巨作,其修辞手法的使用在古代医书中独树一帜。通过借代修辞手法,《黄帝内经》能够具体形象地阐释人与自然的关系、病理、诊断、治疗、养生等抽象问题。毋庸置疑,《黄帝内经》中的很多借代是基于中国特有的事物之间的联系。笔者认为,对于借代的翻译,应充分考虑中西方思维方式不同可能带来的理解差异,不应生硬直译原文所借事物,应更多地采用意译或直译加注的方式译出所指事物,从而帮助读者充分理解原文。无论采用何种翻译策略,都应以准确为前提,尽可能达到译者视域和作者视域最大程度的吻合,从而准确理解并诠释出中医典籍原文的精髓,使中医传统文化得到全面而客观的传播。[②]

---

① 程颜,王培松.《黄帝内经》修辞英译之"情理交融"[J]. 中国中医基础医学杂志,2020,26(3):385-388.
② 李虹,包素珍,董敏华. 训诂阐释与《黄帝内经》英译[J]. 浙江中医杂志,2020,55(4):301-302.

## 第三节 双 关

双关,也称二重义,是很多语言中都存在的一种语言现象。双关立足词语在不同读音、搭配、语境中产生的多重意义,实现一个表达、两重含义的效果。注重修辞的《黄帝内经》也使用了双关语。

### 一、双关的概念

双关语的书面使用在西方至少可以追溯到公元前8世纪的荷马时代,在中国至少可追溯到西周(公元前11世纪)至春秋中叶(公元前6世纪)创作的《诗经》。中国文化中历史悠久的文字游戏、谐音文化、含蓄的民族心理和思维方式等构成了汉语双关语的文化基础。[1] 早在隋唐时期,崔融在《新定诗体》论及的"映带体"其实就是双关。[2] 唐代的方干在诗中首次言及双关,北宋范仲淹在《〈赋林衡鉴〉序》中首次以概念的形式提及双关:"兼名二物者,谓之双关。"[3] 陈望道在《修辞学发凡》中首次系统研究双关,并将其定义为:用了一个词语同时关顾着两种不同事物的修辞方式。[4] 张弓在《现代汉语修辞学》中指出:"利用语词'音''义'的条件,构成双重意义的辞式,叫双关式。所用的双关词语,表面是一种意义,里面又是一种意义,表面的意义不是主要的,里面的意义才是主要的。"[5] 王希杰扩展了双关的内涵,认为"双关,就是有意识地使用多义的语言材料,使话语具有表里两层含义。凡存在多义语言材料的地方都存在双关语。有多少种多义的语言材料,便存在着多少种双关语。"[6]

---

[1] 王志伟. 汉语双关传统述评[J]. 商丘师范学院学报, 2006, 22 (4): 133 - 136.
[2] 易蒲, 李金苓. 汉语修辞学史纲[M]. 长春: 吉林教育出版社, 1989: 216.
[3] 林元龙. 双关语的语用研究[M]. 成都: 西南交通大学出版社, 2010: 11.
[4] 陈望道. 修辞学发凡[M]. 上海: 复旦大学出版社, 2008: 77.
[5] 张弓. 现代汉语修辞学[M]. 天津: 天津人民出版社, 1963: 20.
[6] 王希杰. 修辞学新论[M]. 北京: 北京语言学院出版社, 1993: 150 - 151.

作为一种修辞,汉语双关不仅历史悠久,更有深厚的文化基础。由于一语而具表层和深层双重语义,所以在表达上显得内涵丰富而又婉转蕴藉,别有一种秘响旁通的独特效果;在接受上,由于文本的一语双关,文本语义的深层与表层有一定的"距离",给接受者的接受留足了回味咀嚼的空间,从而大大提高了文本接受的兴味和文本的审美价值。①

## 二、双关的分类

依据不同的分类标准,双关有不同的种类。根据所用材料,双关可分为语素、词、短语、句子、句群、语段、语篇双关;根据双关语语义的数量,可分为双解、多解双关;根据表达者对双关的表面语义和深层语义的取舍态度,可分为选择双关、合取双关;依据双关语义的指向对象,可分为单向双关、双向双关。最常见的分类是根据双关的构成条件将其分成谐音双关、语义双关、语法双关和情景双关。

谐音双关指利用音同或音近的语音条件构成的双关,这种双关属于语言层面的双关,广泛存在于诗歌、俗语、歇后语之中。语义双关是利用词、短语、句子、句群、语段、语篇等语言材料的多义性,在特定的语境中形成的双关,所以它既是语言层面的,也是言语层面的。语法双关是利用同一言语形式可以做多种语法分析的多义现象形成的双关。汉语的句法组合非常灵活,利用词性的多种可能性、语法结构的多种可能性都可以形成双关,它也是语言层面的双关,既可以是利用语法结构形成的双关,又可以是利用词的兼类形成的双关。情景双关,也叫语境双关,是在特定的语境条件下借眼前的事物来讲述要说的意思,言在此而意在彼,以达到一语双关的目的。这种双关的特点是用单一意义的一句话、一个句群、一个段落或一个语篇,临时关涉两个事物、两个对象。这种双关依赖语境而形成,离开某种具体的语境,则不能成立,所以是言语层

---

① 吴礼权. 现代汉语修辞学[M]. 上海:复旦大学出版社,2016:30.

面的双关。《黄帝内经》的双关多是谐音、语义和情景层面的双关。

## 三、《黄帝内经》与双关

双关具有含蓄、风趣、一词多义等特点，基于取象比类思维构建的中医学也必然会出现双关用法。

### （一）谐音双关

**例** 是故持脉有道，虚静为保。春日浮，如鱼之游在波；夏日在肤，泛泛乎万物有余；秋日下肤，蛰虫将去；冬日在骨，蛰虫周密，君子居室。故曰：知内者按而纪之，知外者终而始之。（《素问·脉要精微论》）

本例中"保"谐音"宝"，一指在诊脉中虚心静气是"保证"，二指虚心静气是诊脉的"法宝"。"保"字此处是谐音双关，皆言虚静在脉诊中的重要性。

### （二）语义双关

**例** 阴阳者，天地之道也。（《素问·阴阳应象大论》）

本例中的"道"可理解为本意的"道路"，也可以理解为"规律""规则"等引申义，是典型的语义双关。取象比类是中医学构建的思维模式，是以"象"为工具，通过类比、象征等方式，用感性、形象和直观的概念或符号表达抽象客体的思维方法。在解释某些具体的概念时，基于取象比类思维使用词的多义性来实现形象化的医理阐释，造成了此类语义双关在《黄帝内经》中的使用。

### （三）情景双关

**例** 脾胃者，仓廪之官，五味出焉。大肠者，传道之官，变化出焉。小肠者，受盛之官，化物出焉。肾者，作强之官，伎巧出焉。三焦者，决渎之官，水道出焉。膀胱者，州都之官，津液藏焉，气化则能出矣。（《素问·灵兰秘典论》）

本例中"官"一词本义是指"器官",脾胃、大肠等是人体的重要器官,承接前文"心者,君主之官也……肺者,相傅之官……"。这里的"官"除了"器官"之义,还被赋予"官员"的意思,类比其作用就像是承担各种职能的官员。离开了这个语境,仓廪、传道、受盛、作强、决渎、州都都非官员之名。

### (四)双关的作用

双关语的应用能起到一种冷嘲热讽、形象生动、化抽象为具体等作用,能使语言或文学作品充满韵味和增添艺术光彩。①《黄帝内经》不仅是一部医学巨著,也具有极高的文学价值。双关语的使用,不仅可以通过一语双关形象阐释医理,使医理的解读妙趣横生、耐人寻味,同时也充分展现了汉语词汇丰富的本义和隐含义,体现了中国文化含蓄幽默的特有色彩。

## 四、《黄帝内经》双关翻译的对比研究

### (一)谐音双关的翻译

**例** 是故持脉有道,虚静为保。春日浮,如鱼之游在波;夏日在肤,泛泛乎万物有余;秋日下肤,蛰虫将去;冬日在骨,垫虫周密,君子居室。(《素问·脉要精微论》)

李本:There is Dao (principle) in taking pulse. [That is] to be solemn and quiet. In spring, [the pulse] is floating just like fish swimming in water; in summer, [the pulse] is superficial …②

文本:Hence, to feel [the movement in] the vessels has a Way: emptiness and quietude are to be treasured. On spring days, it floats at the surface, like a fish swimming in a wave. On summer days, it is in

---

① 张爱平. 双关语的作用及其翻译[J]. 漳州师院学报,1995 (3):85-90,94.
② Li, Zhaoguo. *Yellow Emperor's Canon of Medicine Plain Conversation* I [M]. Xi'an: World Publishing Corporation, 2005:209.

the skin, overflowing …①

吴本：So, one should have a <u>knack</u> in palpation, and it is valuable only when one is modest and calm in palpating. The pulses are different in various seasons: in spring, the pulse is up floating like fish swimming under the water surface; in summer, the pulse is on the skin and is abundant like filling with things …②

在翻译"保"时，李本通过 Dao（principle）借用音译与意译相结合的方式试图体现出原文中的关联意思，而文本和吴本都放弃了原文中的一词多指，只通过 way 和 knack 这两个单词翻译出了"法宝"这层意思。双关修辞格一般都很难翻译，勉强译出也使原文意趣全无。③ 因此，《黄帝内经》中的双关翻译大多舍弃了双关的修辞格，直接意译出医学理论。

### （二）语义双关的翻译

例　阴阳者，天地之<u>道</u>也。（《素问·阴阳应象大论》）

李本：Yin and Yang serve as the <u>Dao（law）</u> of the heavens and the earth.④

文本：As for yin and yang, they are the <u>Way</u> of heaven and earth.⑤

吴本：Yin corresponds to motionless and its energy symbolizes the earth, Yang corresponds to motion and its energy symbolizes the heaven, so, Yin and Yang are the <u>ways</u> of heaven and earth.⑥

---

① Unschuld, P. U. & Hermann, Tessenow. *An Annotated Translation of Huang Di's Inner Classic—Basic Questions* [M]. Berkeley and Los Angeles: University of California Press, 2011: 287.

② Wu, Liansheng & Wu, Qi. *Yellow Emperor's Canon of Internal Medicine* [M]. Beijing: China Science & Technology Press, 1997: 90.

③ 李照国. 中医英语翻译技巧[M]. 北京：人民卫生出版社，1997：311.

④ Li, Zhaoguo. *Yellow Emperor's Canon of Medicine Plain Conversation I* [M]. Xi'an: World Publishing Corporation, 2005: 57.

⑤ Unschuld, P. U. & Hermann, Tessenow. *An Annotated Translation of Huang Di's Inner Classic—Basic Questions* [M]. Berkeley and Los Angeles: University of California Press, 2011: 95.

⑥ Wu, Liansheng & Wu, Qi. *Yellow Emperor's Canon of Internal Medicine* [M]. Beijing: China Science & Technology Press, 1997: 31.

在翻译"道"时,李本通过 Dao(law)借用音译与意译相结合的方式试图体现出原文中的关联意思,而文本和吴本都放弃了原文中的双关义,均使用 way,但只翻译出了"道路"这一层意思。作为中国本土译者,李照国明确了本例中"道"字的双重含义,而另外两个海外译者的译本就没能翻译出其双关意义。语义双关需要对源语言及其文化有深刻理解,这也是造成其翻译困难的原因之一。

### (三)情景双关的翻译

**例** 脾胃者,仓廪之官,五味出焉。大肠者,传道之官,变化出焉。(《素问·灵兰秘典论》)

李本:The spleen and stomach are <u>the organs [ similar to ]</u> a granary official and are responsible [ for digestion, absorption and transportation of ] the five flavors. The large intestine is the organ [ similar to ] an official in charge of transportation and is responsible for Bianhua ( change and transformation ).①

文本:The spleen and the stomach are <u>the officials responsible for</u> grain storage. The five flavors originate from them. The large intestine is the official functioning as transmitter along the Way. Changes and transformations originate in it.②

吴本:The spleen is <u>like an officer who</u> is in charge of the granary, it takes charge of the digesting, absorbing, spreading and storing of the essence of food. The large intestine is the route for transmitting the drosses, it transforms the drosses into faeces and then excretes them to the outside of the body.③

---

① Li, Zhaoguo. *Yellow Emperor's Canon of Medicine Plain Conversation I* [M]. Xi'an:World Publishing Corporation, 2005:109.
② Unschuld, P. U. & Hermann, Tessenow. *An Annotated Translation of Huang Di's Inner Classic—Basic Questions* [M]. Berkeley and Los Angeles:University of California Press, 2011:157.
③ Wu, Liansheng & Wu, Qi. *Yellow Emperor's Canon of Internal Medicine* [M]. Beijing:China Science & Technology Press, 1997:55.

在翻译"官"的双关含义时，李本使用了 organs similar to officials 的表达，将汉语的双关转化成英语的比喻，既直译了字面的"器官"含义，又帮助读者理解了该语境下隐喻的"官员"含义。文本使用了 officials responsible for 的表达，省略了"器官"的这层意思，只保留了"官员"的这一象征意义。吴本则以阐释理论为要，在翻译"仓廪之官"时使用 is like an officer 译出"官员"之义，并对其主要功能做出阐释性翻译；在翻译"传道之官"时，不受原文"官"的限制，只意译解释器官功能。相较而言，李本的翻译兼顾了双关语的形式和内容，保留了原文的双关之义，是比较好的契合译法。文本只选择了其中一层意思进行翻译，是有所侧重的双关译法。吴本也采用了偏重一层意思的侧重翻译，有的句子直接两层含义都没有译出，采用了省略译法。

## 五、双关翻译对文化传播的启示

中国人一向比较喜欢双关，大概因为我们是一个比较含蓄的民族①，而这种含蓄美在翻译中很难实现。从文化的角度观察，译者的目标是尽力传递源语双关中的所有文化信息，但在翻译中往往缺少同时实现语言转换和文化传递的手段，对于译者来说，实现医、史、文并重绝非易事。因此，在翻译双关这类修辞时，很多译者只能为准确传播医理而放弃文学修辞的完整传递。但作为补偿，译者可以通过音译加意译、直译意译相结合、文外加注等形式阐释，在最大程度上既能呈现医学理论，又可以保留中医特色，传递文化内涵。

---

① 王希杰.修辞学通论[M].南京：南京大学出版社，1996：446.

## 第四节 映　衬

映衬，又称对照、相形，是一个古老且使用广泛的修辞手段，最早可追溯到先秦时期，陈望道最早将其确定为一个辞格。① 映衬作为一种修辞手法，将对立的思想、情感、性格、行为、语言等贯穿在一起进行叙述或描写，从而形成鲜明有力的对照。② 《黄帝内经》多处使用映衬，或把不同的人或事物放在一起形成比较，或把同一事物的不同方面互相映衬。映衬能够突出比较对象的特色，增强语言的表达效果。

### 一、映衬的概念

先秦时期，《诗经》《楚辞》《老子》等多采用对偶形式体现映衬，如《诗经·小雅·采薇》"昔我往矣，杨柳依依。今我来思，雨雪霏霏"，在两两对比中抒发感情。两汉及魏晋南北朝时期，映衬不再拘泥于对偶形式，汉赋、乐府诗歌采用更加灵活的形式使用映衬。隋唐五代时期，诗歌创作达到鼎盛，映衬则顺势成为文人表达感情、描绘社会现状以及揭示深刻道理的重要方式。在宋代，文人在词、话本小说、戏曲等艺术形式中使用映衬描绘社会现状，表达内心感受。元明清时期，俗文学形式体裁多样化发展，映衬修辞使用范围不断扩大，由句式映衬逐渐发展到篇章段落。

映衬虽广泛应用于文学作品中，但作为一种修辞格进行研究的历史并不长。陈望道在《修辞学发凡》中首次提出"映衬"并将其作为一个独立的修辞格，他认为映衬是揭出互相反对的事物来相应相衬的辞格，强调相反的两件事物彼此相形。③ 段逸山指出，

---

① 何婧. 映衬辞格的认知心理研究[D]. 海口：海南师范大学，2021.
② 陈海庆.《麦克白》中的对照手法及其修辞效果[J]. 外语教学，1993（2）：56，65-72.
③ 陈望道. 修辞学发凡[M]. 上海：复旦大学出版社，2008：74.

相形是借助事物之间的相互对比来突出作者主旨的修辞手法。[①]简言之,映衬就是指把不同事物或者同一事物的不同方面放在一起加以比较的一种修辞手法[②],通过对比,突出事物矛盾,强调差异之处,使人印象深刻,增强语言表达效果。

## 二、映衬的分类

根据不同的分类标准,映衬种类各异。按照主体事物数量的多少,陈望道将映衬分为两物相比和一物两体相比,称为反映和对衬。反映指一件事物上两种辞格两个观点的映衬,对衬则指一种辞格一个观点上两件事物的映衬。[③] 黄庆萱将一物两体相比分为双衬和反衬,因此映衬被分为对衬、双衬和反衬三类。按照主体事物的主次关系,映衬(衬托)和对照(对比)被划分为两个不同的辞格,映衬强调衬托,对照强调对比。按照兼顾主体事物数量和关系的方式,映衬可分为对照(即对比)和衬托。谭永祥将映衬分为对照和衬托,李维绮分为映照和衬托。《黄帝内经》多把不同的人或事物放在一起形成鲜明比较或者把同一事物的不同方面互相映衬。为便于讨论,笔者根据比较对象的不同,将映衬分为对比和相照两种。对比是指将不同的人或者事物放在一起进行比较,突出不同人或者事物的差异性;相照则指一种事物的两个或者多个方面相互映衬,相得益彰。

## 三、《黄帝内经》与映衬

### (一) 对比

**例1** 夫<u>勇士</u>之不忍痛者,见难则前,见痛则止;夫<u>怯士</u>之忍痛者,闻难则恐,遇痛不动。夫<u>勇士</u>之忍痛者,见难不恐,遇痛不动;

---

① 段逸山. 中医文言修辞[M]. 上海:上海中医学院出版社,1987:68.
② 班兆贤.《黄帝内经》修辞研究[M]. 北京:中医古籍出版社,2009:169.
③ 陈望道. 修辞学发凡[M]. 上海:复旦大学出版社,2008:74.

夫怯士之不忍痛者,见难与痛,目转面盼,恐不能言,失气惊,颜色变化,乍死乍生。(《灵枢·论勇》)

例2　上古之人,其知道者,法于阴阳,和于术数,食饮有节,起居有常,不妄作劳,故能形与神俱,而尽终其天年,度百岁乃去。今时之人不然也,以酒为浆,以妄为常,醉以入房,以欲竭其精,以耗散其真,不知持满,不时御神,务快其心,逆于生乐,起居无节,故半百而衰也。(《素问·上古天真论》)

例3　得守者生,失守者死。(《素问·脉要精微论》)

例4　上工救其萌牙,必先见三部九候之气,尽调不败而救之,故曰上工。下工救其已成,救其已败。救其已成者,言不知三部九候之相失,因病而败之也。(《素问·八正神明论》)

例1将"勇士"和"怯士"进行对比,说明两类人面对困难和疼痛的态度差异。例2将"上古之人"和"今时之人"进行对比,说明不同时代人的生活方式对养生和寿命的影响。例3将"得守者"和"失守者"进行对比,说明五脏功能正常与失常的不同后果。例4将"上工"与"下工"进行对比,说明上工治其萌牙能使病治愈,下工治其已成则导致病情恶化。以上四例通过对比不同的人或者事物,突出其差异,从而清晰有效地阐释医理。

(二) 相照

例1　邪入于阳则狂,邪入于阴则痹,搏阳则为巅疾,搏阴则为瘖,阳入之阴则静,阴出之阳则怒,是谓五乱。(《素问·宣明五气》)

例2　气淫于府,则有余于外,不足于内;气淫于脏,则有余于内,不足于外。(《灵枢·淫邪发梦》)

例3　卧出而风吹之,血凝于肤者为痹,凝于脉者为泣,凝于足者为厥。《素问·五脏生成》

例4　心小则安,邪弗能伤,易伤以忧;心大则忧不能伤,易伤于邪。心高则满于肺中,悗而善忘,难开以言;心下则脏外,易伤于寒,易恐以言。心坚则脏安守固;心脆则善病消瘅热中。心端正则和利难伤;心偏倾则操持不一,无守司也。(《灵枢·本脏》)

例1通过"邪入于阳"与"邪入于阴"、"搏阳"与"搏阴"、"阳入之阴"与"阴出之阳"两两对照,阐释五邪所乱导致的不同病症。例2通过对照"气淫于府"和"气淫于脏",说明气淫脏腑不同导致人体内外有余与不足的不同情况。例3中血"凝于肤""凝于脉""凝于足"形成对照,说明感染风邪后血行不畅导致的不同病征表现。例4通过描述心的大小、高下、坚脆、正偏多个方面,说明不同情况下的病症规律。以上四例均是比较同一事物的两个或多个方面,阐释病症特点,互相映衬,清晰明了,便于区分。

### (三)映衬的作用

《黄帝内经》中多使用映衬强调对比,使相对或相反的事物彼此相互映衬,从而更容易分辨出事物特征的不同,或者衬托同一事物的不同方面,清晰明了地阐释病症特点。映衬修辞格的使用,不仅使语言表达更加工整美观,也使得中医医理的描述更加清晰、更具说服力。

## 四、《黄帝内经》映衬翻译的对比研究

### (一)对比的翻译

**例1** 夫<u>勇士</u>之不忍痛者,见难则前,见痛则止;夫<u>怯士</u>之忍痛者,闻难则恐,遇痛不动。夫<u>勇士</u>之忍痛者,见难不恐,遇痛不动;夫<u>怯士</u>之不忍痛者,见难与痛,目转面盼,恐不能言,失气惊,颜色变化,乍死乍生。(《灵枢·论勇》)

李本:<u>A brave person</u> may not tolerate pain ... <u>A coward</u> may tolerate pain ... <u>A brave person</u> who also tolerates pain will not feel anxious ... <u>A coward</u> who does not tolerate pain will ... turn pale and be threatened to death.①

---

① Li, Zhaoguo. *Yellow Emperor's Canon of Medicine Spiritual Pivot II* [M]. Xi'an: World Publishing Corporation, 2008: 645.

文本：Now, there are courageous males who cannot stand pain … Now, there are cowardly males who can stand pain … Now there are courageous males who can stand pain … Now, there are cowardly males who cannot stand pain. ①

吴本：Some of the brave men can not endure pain … some timid people can endure pain … As to the brave men who can endure pain … for the timid ones who can not endure pain … ②

对于"勇士"和"怯士"的翻译，三个译本分别译为 a brave person 和 a coward person，courageous males 和 cowardly males，brave men 和 timid people，对于具体内容的翻译，均选择直译，基本保留了原文的特色。在形式上，三个译本对照工整，格式保持一致。

**例 2** 得守者生，失守者死。(《素问·脉要精微论》)

李本：Normal functions [ of the viscera ] ensure life while dysfunctions [ of the viscera ] cause death. ③

文本：All this is brought together to reach a conclusion [ concerning ] a differentiation between [ the patient's ] death and survival. ④

吴本：In short, if the five viscera are able to play their roles of guarding inside, the health of the patient can be restored, otherwise, the patient will soon die. ⑤

对于"得守者"和"失守者"的翻译，李本借助 while 表达对比，选择用 normal functions 和 dysfunctions 一组形式相近但意义相反的

---

① Unschuld, P. U. *Huang Di Nei Jing Ling Shu: The Ancient Classic on Needle Therapy* [M]. Berkeley and Los Angeles: University of California Press, 2016: 491-493.

② Wu, Liansheng & Wu, Qi. *Yellow Emperor's Canon of Internal Medicine* [M]. Beijing: China Science & Technology Press, 1997: 709.

③ Li, Zhaoguo. *Yellow Emperor's Canon of Medicine Plain Conversation I* [M]. Xi'an: World Publishing Corporation, 2005: 201.

④ Unschuld, P. U. & Hermann, Tessenow. *An Annotated Translation of Huang Di's Inner Classic—Basic Questions Volume I* [M]. Berkeley and Los Angeles: University of California Press, 2011: 274.

⑤ Wu, Liansheng & Wu, Qi. *Yellow Emperor's Canon of Internal Medicine* [M]. Beijing: China Science & Technology Press, 1997: 87.

词最大限度保留原文的特色。文本则未体现出原文的对比特色，吴本使用 otherwise 体现对比，并将原文进行意译，虽然也能体现原文的对比含义，但是在形式上不及李本。因此，李本的翻译在形式和内容上均体现了对比，是较理想的译文。

**例3** 上工救其萌牙，必先见三部九候之气，尽调不败而救之，故曰上工。下工救其已成，救其已败。救其已成者，言不知三部九候之相失，因病而败之也。（《素问·八正神明论》）

李本：Excellent doctors are able to diagnose and treat [such mild case] at the early stage ... give treatment before the decline [of the body] ... Poor doctors give treatment only after the onset or aggravation of a disease. They give treatment after the onset of a disease ... ①

文本：'The superior practitioner stops its sprouts' ... and he comprehensively regulates what is not ruined and stops it .... 'The inferior practitioner stops what has already fully developed' [is to say:] he [attempts to] rescue what is already ruined. ②

吴本：A good physician can pay attention to the beginning of the disease ... A poor physician can not discover the disease at the beginning, he can only treat the disease when it has already taken shape. ③

对于"上工"和"下工"的翻译，三个版本均采用意译法将原文的含义表达出来。李本将"萌芽""不败""已成""已败"译为状语，借助 before 和 after 在形式上凸显对比。文本利用反义词 superior 和 inferior 体现"上工"和"下工"的对比，文本在形式方面虽然体现出了对比，但在医理传达方面不够细致，略显单薄。吴本通过使用动词的肯定与否定形式体现原文的对比。笔者认为，李

---

① Li, Zhaoguo. *Yellow Emperor's Canon of Medicine Plain Conversation I* [M]. Xi'an: World Publishing Corporation, 2005: 347.

② Unschuld, P. U. & Hermann, Tessenow. *An Annotated Translation of Huang Di's Inner Classic—Basic Questions Volume I* [M]. Berkeley and Los Angeles: University of California Press, 2011: 441.

③ Wu, Liansheng & Wu, Qi. *Yellow Emperor's Canon of Internal Medicine* [M]. Beijing: China Science & Technology Press, 1997: 141.

本的翻译在形式和内容两个方面均体现了对比，不仅最大限度地保留了原文的对比特色，也准确地传达了中医医理。

### （二）相照的翻译

**例 1** <u>邪入于阳</u>则狂，<u>邪入于阴</u>则痹，<u>搏阳</u>则为巅疾，<u>搏阴</u>则为瘖，<u>阳入之阴</u>则静，<u>阴出之阳</u>则怒，是谓五乱。（《素问·宣明五气》）

李本：<u>Invasion of Xie into Yang</u> causes mania; <u>invasion of Xie into Yin</u> causes Bi ( Bi-syndrome ). <u>Combat [ of Xie ] with Yang</u> causes head disease; <u>combat [ of Xie ] with Yin</u> causes hoarseness. <u>[ Progress of Xie from ] Yang into Yin</u> results in tranquility while <u>[ progress of Xie from ] Yin into Yang</u> leads to rage.①

文本：<u>When evil [ qi ] enters the yang [ section ]</u> … <u>When evil [ qi ] enters the yin [ section ]</u> … <u>When it strikes at the yang</u> … <u>When it strikes at the yin</u> … <u>When yang [ qi ] enters [ the interior ] and proceeds to the yin [ section ]</u> … <u>When yin leaves [ the interior ] and proceeds to the yang [ section ]</u> … ②

吴本：<u>When the evils enter into Yang</u> … <u>when the evils enter into Yin</u> … <u>when the evils enter into Yang to cause adverseness of the vital energy</u> … <u>when the evils enter into Yin to cause the damage of Yin-fluid</u> … <u>when the evils turn from Yang to Yin and Yin becomes overabundant</u> … <u>when the evils turn from Yin to Yang and Yang becomes overabundant</u> … ③

对于"邪入于阳"和"邪入于阴"、"搏阳"和"搏阴"、"阳入之阴"和"阴出之阳"这类两两相照的翻译，李本仿照原文格式，采用

---

① Li, Zhaoguo. *Yellow Emperor's Canon of Medicine Plain Conversation I* [ M ]. Xi'an: World Publishing Corporation, 2005: 319.

② Unschuld, P. U. & Hermann, Tessenow. *An Annotated Translation of Huang Di's Inner Classic—Basic Questions Volume I* [ M ]. Berkeley and Los Angeles: University of California Press, 2011: 407 – 408.

③ Wu, Liansheng & Wu, Qi. *Yellow Emperor's Canon of Internal Medicine* [ M ]. Beijing: China Science & Technology Press, 1997: 130.

直译的方法,译成相应的名词短语。文本和吴本均选择 when 引导状语从句,对原文进行意译处理。同时,除原文相照的部分,三个译本均选择相同的词汇和句型,从而突出译文在格式和内容方面的相照。

**例 2** 气淫于府,则有余于外,不足于内;气淫于脏,则有余于内,不足于外。(《灵枢·淫邪发梦》)

李本:[When] Qi invades the Fu-Organs, [Yangqi] will be excessive externally and [Yinqi] will be deficient internally. [When] Qi invades the Zang-Organs, [Yinqi] will be excessive internally and [Yangqi] will be deficient externally.①

文本:When the qi spread in the short-term repositories, then there will be a surplus in the exterior section [of the body], and an insufficiency in the interior section. When the qi spread in the long-term depots, then there will be a surplus in the interior section [of the body] and an insufficiency in the exterior section.②

吴本:Whenever the energy is in prosperity in the hollow organs, the Yang is overabundant, and the Yang energy which is outside is having a surplus, and the Yin energy which is inside is insufficient; when the energy is in prosperity in the solid organs, then Yin is overabundant, and the Yin energy which is inside is having a surplus and the Yang energy which is outside is insufficient.③

邪气入侵脏腑,结果各异。李本采用直译法,利用反义词 externally 和 internally 表示"内""外"两种情况,并在描述两种情况时采用相同句式,原汁原味地将原文的对照特色表现出来。文本和吴本则采用意译法,分别利用反义词 exterior 和 interior、outside 和 inside 表示"内""外"两种情况,同时在描述两种情况时也采用

---

① Li, Zhaoguo. *Yellow Emperor's Canon of Medicine Spiritual Pivot II* [M]. Xi'an: World Publishing Corporation, 2008:553.
② Unschuld, P. U. *Huang Di Nei Jing Ling Shu: The Ancient Classic on Needle Therapy* [M]. Berkeley and Los Angeles: University of California Press, 2016:421.
③ Wu, Liansheng & Wu, Qi. *Yellow Emperor's Canon of Internal Medicine* [M]. Beijing: China Science & Technology Press, 1997:677.

了相同的句式,在保留对照特色的基础上对原文进行补充说明。虽然三个版本采取的翻译方法不同,但都在词汇和句式的选择上保留了原文的对照特色。

**例3** 卧出而风吹之,血凝于肤者为痹,凝于脉者为泣,凝于足者为厥。(《素问·五脏生成》)

李本:Exposure to wind right after sleep [ causes ] Bi ( obstructive disease ) [ if ] the blood is stagnated in the skin, Qi ( unsmooth flow ) [ if ] the blood is stagnated in the vessels and Jue ( coldness ) [ if ] the blood is stagnated in the feet.①

文本:When the blood congeals in the skin, this is block. When it congeals in the vessels, this is retarded flow. When it congeals in the feet, this is receding [ qi ].②

吴本:If the blood stagnation is on the surface of skin, bi-syndrome (…) will occur; when the blood stagnation is in the channels, it will cause the retardation of the blood flow; when the blood stagnation is in the feet, it will cause coldness of the lower extremities.③

对于"凝于肤""凝于脉""凝于足"的翻译,三个译本均在译文中将主语补充完整,仿照原文采用相同句式进行翻译,体现了原文的对照特色。

**例4** 心小则安,邪弗能伤,易伤以忧;心大则忧不能伤,易伤于邪。心高则满于肺中,悗而善忘,难开以言;心下则脏外,易伤于寒,易恐以言。心坚则脏安守固;心脆则善病消瘅热中。心端正则和利难伤;心偏倾则操持不一,无守司也。(《灵枢·本脏》)

李本:[ If ] the heart is small … [ If ] the heart is large … [ If the

---

① Li, Zhaoguo. *Yellow Emperor's Canon of Medicine Plain Conversation I* [ M ]. Xi'an:World Publishing Corporation, 2005:139.

② Unschuld, P. U. & Hermann, Tessenow. *An Annotated Translation of Huang Di's Inner Classic—Basic Questions Volume I* [ M ]. Berkeley and Los Angeles:University of California Press, 2011, 192.

③ Wu, Liansheng & Wu, Qi. *Yellow Emperor's Canon of Internal Medicine* [ M ]. Beijing:China Science & Technology Press, 1997:66.

location of] the heart is higher [than usual …]…[If the location of] the heart is lower [than usual …]…[If] the heart is hard … If the heart is brittle … [If the location of] the heart is upright … [If the location of] the heart is deviated … ①

文本：When the heart is small … When the heart is big … When the heart is elevated … When the heart has sunken into the depth … When the heart is firm … When the heart is brittle … When the heart stands upright … When the heart is inclined … ②

吴本：When one's heart is small … When one's heart is large … When the position of the heart is high … When the position of the heart is low … When one's heart is firm and substantial … When one's heart is fragile … When the position of the heart is upright … When the position of the heart is slanting … ③

  三个译本虽然选择的词汇和句式不一，但同一译文均选择相同句式进行翻译，句式整齐，保留了原文的形式。在内容上，对于"心小""心大""心坚""心脆"的翻译，三个译本均选择直译，体现相照特点。对于"心高""心下"的翻译，三个译本均选择意译，准确传递原文内容。对于"心端正""心偏倾"的翻译，文本选择直译，未能实现原文的意思表达，而李本和吴本选择意译法，在传达原文含义的同时，也保持了内容和格式上的两两相照。

  综上，《黄帝内经》中的映衬修辞格可以体现在词汇、句式和篇章层面。为体现原文特色，在翻译时尽量选择表示对比含义的词汇和与原文结构相似并能凸显对比的句式进行直译。当直译无法准确传达原文内涵时，采用意译法对原文进行解释说明。翻译映衬修辞格时，要保证在准确传达原文内容的基础上最大程度体现对比和相照的特色，实现中医医理传递的同时尽可能地再现中医语言风格。

---

  ① Li, Zhaoguo. *Yellow Emperor's Canon of Medicine Spiritual Pivot II* [M]. Xi'an：World Publishing Corporation, 2008：589 - 591.
  ② Unschuld, P. U. *Huang Di Nei Jing Ling Shu: The Ancient Classic on Needle Therapy* [M]. Berkeley and Los Angeles：University of California Press, 2016：450.
  ③ Wu, Liansheng & Wu, Qi. *Yellow Emperor's Canon of Internal Medicine* [M]. Beijing：China Science & Technology Press, 1997：690.

### 五、映衬翻译对文化传播的启示

汉语重意合，英语重形合。映衬修辞格的目的主要是对不同情况进行对比。中医学既是医学科学，也是文化学。准确阐释医理是中医翻译的基础，传递中医典籍中的文化内涵是中医翻译的重要任务。在对映衬修辞格进行翻译时，可以采用直译为主、意译为辅的方法，通过选择相同句式和词汇，借助连接词，从内容和形式两个方面保留映衬修辞格的特色，保留中医全貌，准确传达医理，最大限度传递典籍中蕴含的文化意义。

## 第五节 摹 状

摹状，又叫摹绘、仿拟或摹拟，是摹写人或事物的声音、颜色和情状的一种修辞方式，使之有形、有声、有色。① 取象比类可通过取形、声、色之象，由此推彼，触类旁通，实现由已知领域向未知领域的过渡。基于取象比类思维的《黄帝内经》和以此为基础构建的中医理论大量使用摹状，用以描写人体生理现象和疾病状态，能够有效地阐释中医医理。

### 一、摹状的概念

据《辞海》解释，摹状是对事物加以形容和描写，刻画事物在视觉、听觉、嗅觉、味觉或触觉上给人的感受。《诗经》多运用叠字、复字、双字、叠音等，绘景状物使人如临其境，摹形抒情令人若同身受。② 屈原在《山鬼》中使用"云容容""杳冥冥""石磊磊""葛蔓蔓""雷填填""雨冥冥""猨啾啾""凤飒飒""木萧萧"等一系列叠词来摹写山鬼等待心上人时的周边环境，烘托山鬼初待人时内心

---

① 程颜，吴文华，王培松.《黄帝内经》"摹状"修辞格英译研究[J]. 中国中医基础医学杂志，2022，28(6)：975-978.
② 段逸山. 中医文言修辞[M]. 上海：上海中医学院出版社，1987：52.

的欣喜、期盼和待人未来时的落寞、哀怨。① 刘勰在《文心雕龙·物色》中认为,写气图貌,既随物以宛转;属采附声,亦与心而徘徊,如"灼灼"体现桃花的鲜艳,"依依"表现杨柳的柔弱和灵动,"杲杲"形容日出明亮的样子,"瀌瀌"描写雨、雪大的状态,"喈喈"和"喓喓"分别摹拟黄鸟声和虫鸣声,从而"以少总多,情貌无遗"②。欧阳修在《六一诗话·冷斋夜话》中云"必能状难写之景如在目前,含不尽之意见于言外,然后为至矣"③,他指出摹状可以表现事物特点、渲染气氛、增强表达效果。陈望道在《修辞学发凡》中将其定义为摹写对于事物情状的感觉的辞格,包括摹写视觉、听觉等。④ 班兆贤认为摹状是对客观事物的声音、颜色和形状加以准确生动地描绘的一种修辞方法。⑤ 摹状体现了形、声、色之象,使描写更加形象、真实,能够引起读者的联想,服务于人们的认知。

## 二、摹状的分类

摹状在古代辞赋中已得到广泛应用,如西晋左思在《蜀都赋》中用"萋萋"摹写绿叶柔嫩丰茂之状,用"离离"摹写红果错落垂挂之状。根据描绘对象的差异,摹状通常可分为摹形、摹声和摹色三类。摹形是对人、事物形态和状态进行描绘,在《黄帝内经》中常用来描绘人或疾病的状态,生动直观;摹声是运用象声词来摹拟声音,在《黄帝内经》中常用来摹拟某些疾病发出的声音,从而更好地识别疾病;摹色是运用色彩词来描绘事物的不同色调,在《黄帝内经》中常用来摹拟自然界和疾病的颜色,形象、直观。⑥

---

① 王水香. 先秦两汉涉医文学研究[D]. 福州:福建师范大学,2016.
② (南朝梁)刘勰. 文心雕龙[M]. 上海:上海古籍出版社,2015:94.
③ (宋)欧阳修,释惠洪. 六一诗话·冷斋夜话[M]. 南京:凤凰出版社,2009:6.
④ 陈望道. 修辞学发凡[M]. 上海:复旦大学出版社,2008:76.
⑤ 班兆贤.《黄帝内经》修辞研究[M]. 北京:中医古籍出版社,2009:132.
⑥ 班兆贤.《黄帝内经》修辞研究[M]. 北京:中医古籍出版社,2009:132.

## 三、《黄帝内经》与摹状

### (一) 摹形

**例 1** 瘦人者,皮薄色少,肉<u>廉廉</u>然。(《灵枢·逆顺肥瘦》)

**例 2** 消者<u>瞿瞿</u>,孰知其要! <u>闵闵</u>之当,孰者为良! (《素问·灵兰秘典论》)

**例 3** 夏刺秋分,病不愈,令人心中欲无言,<u>惕惕</u>如人将捕之。(《素问·诊要经终论》)

**例 4** 肾且绝,<u>惋惋</u>日暮,从容不出,人事不殷。(《素问·著至教论》)

**例 5** 少徵之人,比于右手太阳,太阳之下<u>慆慆</u>然。(《灵枢·阴阳二十五人》)

**例 6** 阴阳和平之人,其状<u>委委然</u>、<u>随随然</u>、<u>颙颙然</u>、<u>愉愉然</u>、<u>暶暶然</u>、<u>豆豆然</u>,众人皆曰君子。(《灵枢·通天》)

例 1—6 摹写人的精神样貌。"廉廉"表示肌肉消瘦的样子,"瞿瞿"和"闵闵"分别表示惊疑和忧心的样子,"惕惕"表示惊恐,"惋惋"表示不安,"慆慆然"表示多疑的样子。"委委""随随""颙颙""愉愉""暶暶""豆豆"描述阴阳和平之人,形容举止大方、性格和顺、态度严肃、品行端正、待人和蔼、目光慈祥、作风光明磊落、举止有度、处事分明。摹形能使人物形象的刻画更加传神。

**例 7** 疾出以去盛血,而复其真气,此邪新客,<u>溶溶</u>未有定出也。(《素问·离合真邪论》)

**例 8** 肾疟者,令人<u>洒洒然</u>,腰脊痛宛转,大便难,目眴眴然,手足寒,刺足太阳少阴。(《素问·刺疟》)

**例 9** 少阳令人腰痛,如以针刺其皮中,<u>循循然</u>不可以俯仰,不可以顾。(《素问·刺腰痛》)

**例 10** 会阴之脉令人腰痛,痛上<u>漯漯然</u>汗出,汗干令人欲饮。(《素问·刺腰痛》)

**例 11**　心痛,腹胀<u>啬啬然</u>,大便不利,取足太阴。(《灵枢·杂病》)

例 7—11 摹写疾病症状。"溶溶"表示流动的状态,"洒洒然"形容寒凉的样子,"循循然"形容迟滞的状态,"漯漯然"形容出汗不断的样子,"啬啬然"表示滞涩不爽的样子。摹形能使疾病症状的描写更加细腻,使读者易于把握疾病的具体表征。

**例 12**　夏日在肤,<u>泛泛乎</u>万物有余。(《素问·脉要精微论》)

**例 13**　<u>浑浑</u>革至如涌泉,病进而色弊,<u>绵绵</u>其去如弦绝,死。(《素问·脉要精微论》)

**例 14**　夫平心脉来,<u>累累</u>如连珠……病心脉来,<u>喘喘</u>连属……平肺脉来,<u>厌厌聂聂</u>……平肝脉来,软弱<u>招招</u>……(《素问·平人气象论》)

**例 15**　真肝脉至,中外急,如循刀刃<u>责责然</u>……真心脉至,坚而搏,如循薏苡子<u>累累然</u>……真肾脉至,搏而绝,如指弹石<u>辟辟然</u>……(《素问·玉机真脏论》)

例 12—15 摹写脉象状态。"泛泛"形容脉来盈满洪大,"浑浑"指大量泉水涌出的样子,"绵绵"形容脉象虚弱无力,"累累"表达脉来如连珠成串,"喘喘"形容脉来如喘气急促,"厌厌聂聂"体现脉象轻虚而浮,"招招"描绘脉象柔弱和软的样子,"责责然"形容脉来锋利可畏,"累累然"意指脉来短实而坚①,"辟辟然"表现的是脉象如以指弹石般坚硬。摹形能使对脉象的描写更加具体鲜明,便于医者辨认抽象的机理,利于医者望诊。

### (二) 摹声

**例 1**　水凑渗注灌,<u>濯濯</u>有音,有寒则䐜,䐜满雷引,故时切痛。(《灵枢·百病始生》)

**例 2**　肤胀者,寒气客于皮肤之间,<u>蓥蓥然</u>不坚,腹大,身尽肿……(《灵枢·水胀》)

**例 3**　是动则病耳聋<u>浑浑焞焞</u>,嗌肿喉痹。(《灵枢·经脉》)

---

① 班兆贤.《黄帝内经》修辞研究[M]. 北京:中医古籍出版社,2009:136 - 137.

**例4** 厥而腹向向然,多寒气,腹中榖榖,便溲难,取足太阴。(《灵枢·杂病》)

**例5** 风逆暴四肢肿,身漯漯,唏然时寒,饥则烦,饱则善变,取手大阴表里,足少阴、阳明之经。(《灵枢·癫狂》)

**例6** 腹满,大便不利,腹大,亦上走胸嗌,喘息喝喝然,取足少阴。(《灵枢·杂病》)

摹声是运用象声字摹拟疾病声音。"濯濯"形容水的声音,用来描摹肠胃之间的水声;"鼙鼙然"描摹腹部肿大,摹拟叩击鼓的声音;"浑浑焞焞"表示听觉模糊不清,耳内出现轰轰的响声。"向向然"和"榖榖"摹拟腹中有像流水的声音,"唏然"形容寒冷颤栗时发出的一种唏嘘声,"喝喝然"描摹张口喘息时发出的声音。摹声的使用将疾病的声音描述得更加具体形象,利于医者闻诊。

## (三) 摹色

**例1** 肝疟者,令人色苍苍然,太息,其状若死者,刺足厥阴见血。(《素问·刺疟》)

**例2** 太阴之人,其状黮黮然黑色,念然下意,临临然长大,腘然未偻,此太阴之人也。(《灵枢·通天》)

**例3** 赤欲如白裹朱,不欲如赭;白欲如鹅羽,不欲如盐;青欲如苍璧之泽,不欲如蓝;黄欲如罗裹雄黄,不欲如黄土;黑欲如重漆色,不欲如地苍。(《素问·脉要精微论》)

**例4** 丹天之气经于牛女戊分,黅天之气经于心尾己分,苍天之气经于危室柳鬼,素天之气经于亢氐昴毕,玄天之气经于张翼娄胃。(《素问·五运行大论》)

**例5** 故少阳在泉,寒毒不生,其味辛,其治苦酸,其谷苍丹。阳明在泉,湿毒不生,其味酸,其气湿,其治辛苦甘,其谷丹素。太阳在泉,热毒不生,其味苦,其治淡咸,其谷黅秬。(《素问·五常政大论》)

"苍苍然"表示面色苍青,"黮黮然"表示面色暗沉,"白裹朱"为红色,"鹅羽"为白色,"仓璧之泽"为青色,"罗裹雄黄"为黄色,"重漆色"为黑色。"丹天""黅天""苍天""素天""玄天"表示五种不同色彩的云气,丹为赤,黅为黄,苍为青,素为白,玄为黑。"苍丹""丹素""黅秬"表示谷物不同的颜色,"苍丹"表示青和赤色之类,"丹素"表示赤色和白色之类,"黅秬"表示黄色和黑色之类。摹色可以形象逼真地刻画病人的气色,利于医者通过望诊观察患者的病情。

### (四)摹状的作用

《黄帝内经》中摹状修辞格既传递出工整美妙的语言形式,又体现出中医传统深奥的哲学思想。摹形可以细致形象地描绘人物精神样貌、疾病症状以及脉象,摹声可以具体生动地描述疾病发出的声音,摹色则可以形象逼真地描绘病人的气色。摹状的使用在语言上不但能使疾病症状描述真实形象,而且能增强表达的美感,在医学上有利于医者了解和诊断患者病情,对医学理论的传承起到重要的作用。

## 四、《黄帝内经》摹状翻译的对比研究

### (一)摹形的翻译

例 阴阳和平之人,其状委委然,随随然,颙颙然,愉愉然,暶暶然,豆豆然,众人皆曰君子,此阴阳和平之人也。(《灵枢·通天》)

李本:The people of balanced Yin and Yang type [ are characterized by] calm and steady appearance, gentle manner, mild disposition, genial expression, kindness, sincerity and elegant behavior.①

文本:Persons whose yin and yang [qi] is in a harmonious balance, their appearance:They are complacent and sociable. They

---

① Li, Zhaoguo. *Yellow Emperor's Canon of Medicine Spiritual Pivot III* [M]. Xi'an: World Publishing Corporation, 2008:851.

are <u>dignified</u> and yet <u>friendly</u>. They are <u>open towards others</u>, and <u>well-behaved</u>.①

吴本：For a man of both mild in Yin and Yang type, his appearance is <u>nice</u>, he appears to be <u>obedient</u>, <u>gentle</u> and <u>respectful</u>, he is <u>amiable</u> and <u>pleasant with kind</u>, <u>benign looks</u> and people call him a gentleman.②

原文用"然"字为词尾的叠音词描摹阴阳平和之人的状态，语言形式并列整齐，极具文言特色。李本将"委委然""随随然""颙颙然""愉愉然""暶暶然""豆豆然"转化成名词进行翻译，分别译作 calm and steady appearance, gentle manner, mild disposition, genial expression, kindness, sincerity and elegant behavior。文本和吴本则分别直译为 complacent, sociable, dignified, friendly, open, well-behaved 和 nice, obedient, gentle, respectful, amiable, pleasant, kind, benign。三种译本均能表达原文意思，但李本通过将形容词转换成名词，并对原文的内涵进行解释说明，译文更详细具体，可以避免产生语义分歧。

## （二）摹声的翻译

**例 1** 水凑渗注灌，<u>濯濯</u>有音，有寒则䐜，䐜满雷引，故时切痛。（《灵枢·百病始生》）

李本：When there is water infusing into [ the stomach and the intestines, there will be] <u>rumbling noise</u> …③

文本：That is like water seeping in there, and making <u>gargling noises</u> …④

---

① Unschuld, P. U. *Huang Di Nei Jing Ling Shu: The Ancient Classic on Needle Therapy* [M]. Berkeley and Los Angeles: University of California Press, 2016: 653.
② Wu, Liansheng & Wu, Qi. *Yellow Emperor's Canon of Internal Medicine* [M]. Beijing: China Science & Technology Press, 1997: 779.
③ Li, Zhaoguo. *Yellow Emperor's Canon of Medicine Spiritual Pivot III* [M]. Xi'an: World Publishing Corporation, 2008: 791.
④ Unschuld, P. U. *Huang Di Nei Jing Ling Shu: The Ancient Classic on Needle Therapy* [M]. Berkeley and Los Angeles: University of California Press, 2016: 608.

吴本：If there is water, it will permeate inside <u>with the sound of water</u> … ①

例 1 用"濯濯"描摹肠胃之间的水声；"濯濯"是拟声字，形容水的声音。吴本将其译为 the sound of water，语焉不详，未尽全意；文本和李本分别直译为 gargling 和 rumbling，用拟声词对原文进行解释，形象生动，使读者对病症产生强烈的真实感，犹如亲耳所听。②

**例 2** 肤胀者，寒气客于皮肤之间，<u>鼕鼕然</u>不坚，腹大，身尽肿……（《灵枢·水胀》）

李本：<u>[When the abdomen is percussed, it sounds] rub-a-dub [like beating a drum]</u> … ③

文本：In the case of a skin swelling cold qi have settled in the skin. <u>[When one knocks at it, it sounds] hollow like a drum and is not firm</u> … ④

吴本：The formation of anasarca is due to the retention of the cold-energy between the skins. If the abdomen is <u>empty</u> and infirm when being percussed … ⑤

例 2 用"鼕鼕然"一词描摹腹部肿大，摹拟叩击鼓的声音，但在英语中无法找到对应词。吴本译作 empty，不能够完全传达原文的意思；李本和文本运用增译法进行解释说明，分别译作 it sounds rub-a-dub like beating a drum 和 it sounds hollow like a drum，转换为明喻对"鼕鼕然"加以解释，更好地传递了原文意思。

---

① Wu, Liansheng & Wu, Qi. *Yellow Emperor's Canon of Internal Medicine*［M］. Beijing: China Science & Technology Press, 1997: 759.

② 程颜,王培松.《黄帝内经》修辞英译之"情理交融"［J］. 中国中医基础医学杂志, 2020, 26(3): 385-388.

③ Li, Zhaoguo. *Yellow Emperor's Canon of Medicine Spiritual Pivot II*［M］. Xi'an: World Publishing Corporation, 2008: 689.

④ Unschuld, P. U. *Huang Di Nei Jing Ling Shu: The Ancient Classic on Needle Therapy*［M］. Berkeley and Los Angeles: University of California Press, 2016: 530.

⑤ Wu, Liansheng & Wu, Qi. *Yellow Emperor's Canon of Internal Medicine*［M］. Beijing: China Science & Technology Press, 1997: 725.

### （三）摹色的翻译

**例** 赤欲如<u>白裹朱</u>，不欲如赭；白欲如<u>鹅羽</u>，不欲如盐；青欲如<u>苍璧之泽</u>，不欲如蓝；黄欲如<u>罗裹雄黄</u>，不欲如黄土；黑欲如<u>重漆色</u>，不欲如地苍。（《素问·脉要精微论》）

本例用摹色修辞手法，用"白裹朱"描述红色，用"鹅羽"描述白色，用"苍璧之译"描述青色，用"罗裹雄黄"描述黄色，用"重漆色"描述黑色。关于色彩的翻译，三种译本的译文如表3所示。

表3　三种译文对颜色词的翻译

| 颜色 | 李本 | 文本 | 吴本 |
| --- | --- | --- | --- |
| 白裹朱 | cinnabar wrapped in silk | vermilion [color] wrapped up in white | the cinnabar wrapped in a piece of white thin silk |
| 鹅羽 | the feather of goose | goose feathers | the goose feather with brightness |
| 苍璧之泽 | the luster of jade | the gloss of greenish jade | jade with lustre |
| 罗裹雄黄 | realgar wrapped in silk | realgar wrapped up in gauze | realgar wrapped in a piece of white thin silk in reddish-yellow |
| 重漆色 | the color of thick lacquer | the color of multi-layered lacquer | black paint with moistening bright |

原文用具体的事物描述抽象的气色，形象逼真，使读者更能直观感受到赤、白、青、黄、黑五种正常的气色。三个译本虽在词汇和句式的选择上略有差异，但均将摹色修辞格转换成明喻修辞格进行翻译，通过转换修辞格，既如实完整地传达了原文的含义，又将《黄帝内经》的文化特色传递给读者，使读者能够更好理解五种正常气色。

综上所述，汉英两种语言的修辞有相通之处，在不破坏内涵的前提下，为表现原文的语言特色，译者可选择保留修辞格，采用直译法。《黄帝内经》中的摹状修辞与古汉语一脉相承，翻译时如不能完全将汉语尤其是古汉语的修辞体现在英语中，可以通过增补译法弱化修辞格，对原文内容进行解释，实现英汉两种语言之间的转换，避免理解上的偏差。如摹状修辞格在英语中无完全对应的翻译，可以运用转换修辞格并适当对原文进行解释说明，从而在适应英语表达习惯的同时传递真实的原文含义。

## 五、摹状翻译对文化传播的启示

《黄帝内经》运用摹状修辞格对人物或疾病的状态、声音和颜色进行生动直观地描绘，准确恰当地翻译摹状修辞格可以帮助目的语环境中的读者更好理解中医医理及其文化内涵。在翻译过程中，译者应结合原文实际，采用直译法、增补译法以及转化修辞格的方法，准确生动传达中医医理的同时展示中医文化意蕴，从而促进中医医理的准确传递和中医文化的对外传播。

# 第二章 《黄帝内经》的意境修辞与翻译

## 第一节 比 拟

比拟常见于古今文学作品中,既可体现语言之美,也是人们认识新事物的思维方式。抽象概念可以通过比拟进行解释说明,增强其可感性和可知性,便于读者理解接受。[①] 比拟是《黄帝内经》常用的修辞格,体现了"近取诸身,远取诸物"的象思维。古代医家正是运用这种方法创建了中医理论,并指导临床实践。

### 一、比拟的概念

先秦时期,在《诗经》的《硕鼠》《黄鸟》《隰有苌楚》《鸱鸮》等诗篇中就已经出现了比拟,当时尚未出现拟物,只有拟人,且多见动植物拟人,偶见呼告拟人。[②] 魏晋南北朝时期,比拟得到进一步发展,出现了拟物,拟人也产生了新形式,为唐宋时期成熟拟人形式的出现奠定了基础。[③] 刘勰在《文心雕龙·指瑕》中将拟人看作一种文学写作手法,有"君子拟人,必于其伦"之说。[④] 进入唐代,传统的拟人格成熟定型。宋代至清代是传统拟人的持续期,拟物

---

[①] 李群. 试述比拟方法在中医学中的运用[J]. 南京中医药大学学报(社会科学版),2011,12(4):213-215.

[②] 宗廷虎,陈光磊. 中国修辞史(上中下)[M]. 长春:吉林教育出版社,2007:994.

[③] 宗廷虎,陈光磊. 中国修辞史(上中下)[M]. 长春:吉林教育出版社,2007:999-1001.

[④] (南朝梁)刘勰. 文心雕龙注释[M]. 周振甫注. 北京:人民文学出版社,2002:444.

迅速增多。① 宋代以前，比拟并不作为一种独立的辞格，而是与"比""拟""喻""譬""方"作为同一意义使用。进入宋代，比拟开始受到学界的关注，但仍混称于譬喻。当时的学者认为，比拟和譬喻并无实质性的区别，将比拟归入譬喻，作为譬喻的一个类型研究使用，更加符合语言运用的客观实际。因此，前人对比拟的举例常常是二者兼有，致使比拟长期处于非独立状态。②

现代修辞学开始把比拟和譬喻明确划分为两个不同的辞格类型。1923年，唐钺在其所著的《修辞格》一书中首先提出了"拟人格"。他认为，拟人和情晕的出现都是由于人类以己度物的倾向。③ 1932年，陈望道在《修辞学发凡》中真正将这一辞格命名为"比拟"，将其视为积极修辞的一种，设专节详加阐述。之后的学者基本沿用了这一说法。陈望道认为，将人拟物（就是以物比人）和将物拟人（就是以人比物）都是比拟。④

## 二、比拟的分类

古人没有明确区分比拟和譬喻。进入近现代时期，学者开始研究比拟的分类。陈望道认为，比拟可分为拟人和拟物两大类。拟人，又叫作人格化，指将非人的事物当作人来描写。苏轼在《海棠》一诗中写道："朱唇得酒晕生脸，翠袖卷纱红映肉。"此处将海棠花瓣比作美人酒后的双颊，将海棠叶子比作美人的衣衫，以秀美的女子比艳丽的海棠花，这种将物拟作人的修辞手法就是拟人。拟物指的是以人拟物或以物拟物的修辞手法。白居易在《女道士》一诗中写道："姑山半峰雪，瑶水一枝莲。"此处将肌肤白皙、穿着素净的女道士比作半峰白雪、一枝白莲，这种将人拟作物的修辞手法就是拟物。张弓认为，拟人可以按词性区分：有动词、形容词、名

---

① 宗廷虎，陈光磊. 中国修辞史（上中下）[M]. 长春：吉林教育出版社，2007：1013.
② 李清园. 比拟辞格的认知研究[D]. 济南：山东大学，2011.
③ 李清园. 比拟辞格的认知研究[D]. 济南：山东大学，2011.
④ 陈望道. 修辞学发凡[M]. 上海：复旦大学出版社，2008：96.

词、代词的拟人;或按描述方法区分:有自述的拟人式和对话的拟人式。① 成伟钧等认为,拟人可细分为将物拟人和将抽象的概念或事理拟人,拟物可细分为将人当作动物、植物或无生物来描写和将物拟为物。② 倪宝元认为,比拟的结构类型可分物拟人、人拟物、物拟物三类。③ 班兆贤认为,比拟是把甲事物当作乙事物来描写的一种修辞方法,大体可分为拟人和拟物两类。④ 为便于讨论,笔者依据陈望道等人的分类法,将《黄帝内经》的比拟分为拟人和拟物两类。

## 三、《黄帝内经》与比拟

《黄帝内经》中拟人主要表现为用人的品格好恶和动作行为比拟医理。

### (一) 拟人

1. 以人的品格好恶比拟医理

**例1** 剽其通,针其邪肌肉亲,视之毋有反其真。(《灵枢·刺节真邪》)

**例2** 肝恶风,心恶热,肺恶寒,肾恶燥,脾恶湿,此五脏气所恶也。(《灵枢·九针论》)

**例3** 夫天之生风者,非以私百姓也,其行公平正直,犯者得之,避者则无殆,非求人而人自犯之。(《灵枢·五变》)

"亲"本来用来描写人与人之间感情好、关系密切,例1将肌肉赋予了人的意识,认为肌肉亲附致密。"恶"指讨厌、憎恶,本来用来描写人的态度和情感,例2用"恶"来描写人体的五脏易为某一淫邪所伤,使五脏也具有了人的情感好恶。"私"本来用来描写人的意识,例3用"私"来描写自然界中的风,形容风也具有了人的意识,"非以私百姓"即对所有的百姓都公平正直,没有私心。

---

① 张弓. 现代汉语修辞学[M]. 石家庄:河北教育出版社,2014:105-109.
② 成伟钧,唐仲扬,向宏业. 修辞通鉴[M]. 北京:中国青年出版社,1991:478.
③ 倪宝元. 大学修辞[M]. 上海:上海教育出版社,1994:237.
④ 班兆贤.《黄帝内经》修辞研究[M]. 北京:中医古籍出版社,2007:120-121.

**例 4** 东方生风,风生木,<u>其德敷和</u>,其化生荣,其政舒启,其令风,其变振发,其灾散落。(《素问·气交变大论》)

**例 5** 备化之纪,<u>气协天休</u>,<u>德流四政</u>,五化齐修,其气平,其性顺,其用高下,其化丰满。(《素问·五常政大论》)

**例 6** 敦阜之纪,是谓广化,<u>厚德清净</u>,顺长以盈,至阴内实,物化充成。(《素问·五常政大论》)

例 4"其德敷和"中的"敷"通"布","和"是"和谐,协调"之义。"其德敷和"使用描述人品格特点的词汇,说明木的特点是发散温和。例 5 中"协"有"协调,融洽"之义,本义是描述人际关系和谐;"休"指的是"美好,美善";"德"指人的"道德,品行"。这些词汇都是用来描述人的品格,《黄帝内经》用以描述备化的年份,天地的气化协调和平,其美德流行四方,使五行气化都能完善地发挥作用,其气和平,其气和顺,并且能高能下,其生化能使万物成熟丰满。① 例 6 将敦阜的年份比拟作人类,认为这样的年份具有浑厚而清净的德性,可以使万物顺时生而充盈。

2. 以人的动作行为比拟医理

**例 1** 云<u>奔</u>雨府,霞<u>拥</u>朝阳,山泽埃昏,其乃发也。以其四气。云横天山,浮游生灭。(《素问·六元正纪大论》)

**例 2** 脾者主为<u>卫</u>,使之<u>迎</u>粮,视唇舌好恶,以知吉凶。(《灵枢·师传》)

**例 3** 其有不从毫毛而生,五脏阳以竭也,津液充郭,其魄<u>独居</u>,精孤于内,气耗于外。(《素问·汤液醪醴论》)

例 1 中"奔"有"直往,趋向"的意思,这里以人的动作"奔"描述云的活动;"拥"即"拥抱",用以描述彩霞和朝阳融会在一起的场景。"卫"有"保卫,捍卫"之义,"迎"有"迎接,欢迎"的意思,是人常见的动作,例 2 用"卫"和"迎"表达脾有护卫人体的能力,兼具迎接食粮的功能,将脾视为人。"独居"常指人独自居住,例 3 用其描述阴气,将阴气视为人。

**例 4** 承化物生,生而不长,成实而稚,遇化已老,阳气<u>屈伏</u>,蛰

---

① 班兆贤.《黄帝内经》修辞研究[M].北京:中医古籍出版社,2009:122.

虫早藏。(《素问·五常政大论》)

**例5** 凡此太阴司天之政,气化运行后天,<u>阴专其政</u>,<u>阳气退壁</u>,大风时起,天气下降,地气上腾。(《素问·六元正纪大论》)

**例6** 厥阴<u>不退位</u>,即大风早举,时雨不降,湿令不化,民病温疫,疵废风生,民病皆肢节痛,头目痛,伏热内烦,咽喉干引饮。(《素问·本病论》)

例4中"屈伏"有"降服,折服"之义,常指人向外来力量低头让步,这里用来指暑热之气因寒冷常现而渐衰。例5中阴气被比拟为可以专政的统治者,而阳气被视作可以主动退避的人类。例6中"退位"的本义是最高统治者让出统治地位,此处的"不退位"则是指厥阴所代表的时令拖延现象,就像是统治者不愿意交出手中的权力而让出统治地位一样。

### (二) 拟物

《黄帝内经》中拟物主要包括以人拟物和以物拟物两种,尤以后者居多。

1. 以人拟物

**例** 五味入于口也,各有所走,各有所病。酸<u>走</u>筋,多食之,令人癃;咸<u>走</u>血,多食之,令人渴;辛<u>走</u>气,多食之,令人洞心;苦<u>走</u>骨,多食之,令人变呕;甘<u>走</u>肉,多食之,令人悗心。(《灵枢·五味论》)

五味既无生命,也无形体,例句以人类的动作"走"比拟五味在人体的运行,生动形象地描绘出五味在人体各部位的运行路线及其对人体的影响。

2. 以物拟物

**例1** 脾热者色黄而肉<u>蠕动</u>。(《素问·痿论》)

**例2** 故风热参布,云物<u>沸腾</u>,太阴横流,寒乃时至,凉雨并起。(《素问·六元正纪大论》)

**例3** 二阴独<u>啸</u>,少阴厥也,阳并于上,四脉争张,气归于肾。(《素问·经脉别论》)

**例4** 有所失亡,所求不得,则发肺<u>鸣</u>,鸣则肺热叶焦。故曰:五藏因肺热叶焦,发为痿躄,此之谓也。(《素问·痿论》)

**例 5** 长川草偃,柔叶呈阴,松吟高山,虎啸岩岫,佛之先兆也。(《素问·六元正纪大论》)

例 1 将脾热引发的肌肉抽搐比拟成像虫子一样蠕动,言肌肉萎软无力。例 2 将云雾比拟成像水一样沸腾,"沸腾"本身是指液体受热到一定温度而急剧气化,强调少阳司天的气候特点。例 3 将少阴经独盛比拟成鸟兽的长声鸣叫,言少阴经独盛之病理。例 4 将肺鸣比拟成鸟兽或昆虫的叫声,形象描绘气郁肺气不利出现的喘鸣声。例 5 将风刮过松树发出的声音比拟成动物的鸣叫声,将岩岫间的风声比拟成虎啸声,形象描绘秋冬之象。

### (三)比拟的作用

首先,比拟具有形象化功能,可使无形之物形质化,比拟有很多建立在相似联想的基础上,可以以物象来表现人的动作特征。《黄帝内经》中的比拟辞格能够赋予人或物具体形象,唤起人的联想,使读者可以构建起医理与现实世界之间的联系,使《黄帝内经》中晦涩高深的医理更易为一般读者所理解。其次,比拟具有陌生化功能,能产生新颖、特异的美感,具有使对象陌生化的功能。[①] 比拟辞格可以给读者开拓一个新的意境,使读者产生不同的联想,使文字更加生动形象,增强《黄帝内经》的文学可读性,使读者在体会医理博大精深的同时领略到中医典籍的文字之美。

## 四、《黄帝内经》比拟翻译的对比研究

### (一)拟人的翻译

**1. 以人的品格好恶比拟医理的翻译**

**例 1** 肝恶风,心恶热,肺恶寒,肾恶燥,脾恶湿。(《灵枢·九针论》)

---

① 宗廷虎,陈光磊. 中国修辞史(上中下)[M]. 长春:吉林教育出版社,2007:1055-1056.

第二章 《黄帝内经》的意境修辞与翻译    087

李本：The liver is averse to wind; the heart is averse to heat; the lung is averse to cold; the kidney is averse to dryness; and the spleen is averse to dampness.①

文本：The liver has an aversion to wind. The heart has an aversion to heat. The lung has an aversion to cold. The kidneys have an aversion to dryness. The spleen has an aversion to dampness.②

吴本：The liver detests the wind, the heart detests the heat, the lung detests the cold, the kidney detests the dryness, the spleen detests the wetness.③

例 1 中的"恶"是动词，李本将其译为形容词 averse，文本将其译为名词 aversion，吴本则将其译为动词 detest。李本和文本通过将动词转换为形容词或名词翻译例句中的拟人辞格。吴本则选择直译方式翻译拟人辞格，保留原文动词形式。

**例 2** 报德以德，报化以化，报政以政，报令以令。(《素问·八元正纪大论》)

李本：It can be seen that all the things in nature correspond to the effects exerted by Six-Qi］. ［If the effect of Six-Qi is］ transformation, the response ［of all the things in nature is］ transformation; ［if the effect of Six-Qi is］ domination, the response ［of all the things in nature is］ domination; ［if the effect of Six-Qi is］ manifestation, the response ［of all the things in nature is］ manifestation.④

文本：Virtue is retributed with virtue; transformation is retributed with transformation; policy is retributed with policy; command is

---

① Li, Zhaoguo. *Yellow Emperor's Canon of Medicine Spiritual Pivot I* ［M］. Xi'an: World Publishing Corporation, 2008: 954.

② Unschuld, P. U. *Huang Di Nei Jing Ling Shu: The Ancient Classic on Needle Therapy* ［M］. Berkeley and Los Angeles: University of California Press, 2016: 731.

③ Wu, Liansheng & Wu, Qi. *Yellow Emperor's Canon of Internal Medicine* ［M］. Beijing: China Science & Technology Press, 1997: 813.

④ Li, Zhaoguo. *Yellow Emperor's Canon of Medicine Plain Conversation III* ［M］. Xi'an: World Publishing Corporation, 2005: 1036.

retributed with <u>command</u>.①

吴本：One can see <u>all things</u> are corresponding to the <u>effects from the six energies</u>.②

李本将"报德以德"中的第一个"德"意译为 all the things in nature，将第二个"德"意译为 effects exerted by Six-Qi，将"化"译为 transformation，将"政"译为 domination，将"令"译为 manifestation。文本将"德"译为 virtue，将"化"译为 transformation，将"政"译为 policy，将"令"译为 command。吴本将"报德以德，报化以化，报政以政，报令以令"中的第一组"德""化""政""令"概括译为 all things，将第二组"德""化""政""令"概括译为 effects from the six energies。对比三种译本，可以发现文本不仅全面传达了例句的信息，没有出现漏译，且词语选择准确，做到显性表现拟人辞格，如 virtue 和 policy 均是人类特有的品格意识。

**例3** 故乘危而行，<u>不速而至</u>，<u>暴虐无德</u>。（《素问·五常政大论》）

李本：So [ in the year marked by insufficiency of one of the Five-Motions, the Qi that it is usually inferior to ] take the advantages to <u>move aggressively and suddenly</u>. [ If the attack of the superior Qi ] is <u>severe and damages [ things ] brutally</u>, [ it will ] harm itself [ because of the retaliation of the Child-Qi of the Motion in the year ].③

文本：Hence [ the dominating qi ] takes advantage of a weakness and moves; <u>it arrives without invitation</u>. <u>If it displays violent ravaging without virtue</u>, catastrophes will strike it in response.④

---

① Unschuld, P. U. *Huang Di Nei Jing Su Wen: An Annotated Translation of Huangdi's Inner Classic—Basic Questions Volume II* [ M ]. Berkeley and Los Angeles: University of California Press, 2016: 519.

② Wu, Liansheng & Wu, Qi. *Yellow Emperor's Canon of Internal Medicine* [ M ]. Beijing: China Science & Technology Press, 1997: 424.

③ Li, Zhaoguo. *Yellow Emperor's Canon of Medicine Plain Conversation II* [ M ]. Xi'an: World Publishing Corporation, 2005: 843.

④ Unschuld, P. U. *Huang Di Nei Jing Su Wen: An Annotated Translation of Huangdi's Inner Classic—Basic Questions Volume II* [ M ]. Berkeley and Los Angeles: University of California Press, 2016: 312.

吴本：Thus, when the energies of the five element's motion is insufficient, its overcoming energy will take chance to <u>invade rudely</u>, but <u>the son energy of the energy which is being subjugated</u> will come to retaliate.①

例3 将所胜与不胜之气视为不速之客，不请自来，暴虐而没有德行。李本将"不速而至"译为 move aggressively and suddenly，文本译为 it arrives without invitation，吴本则译为 invade rudely。对比三种译本，可以发现文本的 arrive without invitation 可以使例句中的拟人辞格映射到译文中，因为 invitation 是人类所特有的。对于"暴虐无德"的翻译，李本译为[If the attack of the superior Qi] is severe and damages [things] brutally，文本译为 If it displays violent ravaging without virtue，吴本译为 the son energy of the energy which is being subjugated。virtue 是人类所独有的，对比发现，文本的处理方式既准确又可以体现拟人辞格。

2. 以人的动作行为比拟医理的翻译

**例1** 肺<u>朝</u>百脉,输精于皮毛。(《素问·经脉别论》)

李本：The lung <u>is connected with</u> all the vessels and transports Jing (Essence) to the skin and hair.②

文本：The lung <u>invites</u> the one hundred vessels to have an audience with it. They transport essence to the skin and the body hair.③

吴本：After the various channel-energies <u>being converged</u> in the lung, they are transported to the skin and hair.④

"肺朝百脉"是主动句,李本和吴本将其处理成被动句,文本则

---

① Wu, Liansheng & Wu, Qi. *Yellow Emperor's Canon of Internal Medicine* [M]. Beijing: China Science & Technology Press, 1997: 360.

② Li, Zhaoguo. *Yellow Emperor's Canon of Medicine Plain Conversation I* [M]. Xi'an: World Publishing Corporation, 2005: 289.

③ Unschuld, P. U. *Huang Di Nei Jing Su Wen: An Annotated Translation of Huangdi's Inner Classic—Basic Questions Volume I* [M]. Berkeley and Los Angeles: University of California Press, 2016: 373.

④ Wu, Liansheng & Wu, Qi. *Yellow Emperor's Canon of Internal Medicine* [M]. Beijing: China Science & Technology Press, 1997: 119.

将其译为主动句。文本中的 invite 有"邀请"的意思,是人类特有的行为,把例 1 中"朝"的拟人辞格进行了显性翻译。

**例 2** 凡刺热邪越而沧,<u>出游不归</u>乃无病。(《灵枢·刺节真邪》)

李本:[To use] needling [therapy to remove] pathogenic heat is to <u>drive it out of the body and prevent it from re-entering</u> [the body]. [When pathogenic heat is driven out of the body,] no disease [will be caused].①

文本:When one pierces heat evil [qi], it is to be overcome by cooling them. <u>They are driven off and do not return.</u> The disease will no longer be present.②

吴本:When pricking the heat-evil, it is for causing the heat-evil to turn into cold, when <u>the evil is dissipated, the patient will have no heat</u> and he will be recovered.③

例 2 将热邪视为人,把热邪被针刺排出体外这一动作比拟为人离家外出,把人体内不再有热邪这个结果比拟成人外出后没有回家,体现了拟人的修辞手法。李本和文本均将"出游"译为动词 drive,吴本则使用动词 dissipate 翻译"出游",三者均没有在译文中显性化拟人辞格。对于"不归"的翻译,李本译为 prevent it from re-entering,文本译为 do not return,吴本译为 the patient will have no heat。对比三种译本,可以发现文本的 return 体现了"归"的含义,而吴本的 the patient 凸显了人格化。遗憾的是,三种译本均没有完整体现"不归"的拟人辞格。

### (二)拟物的翻译

1. 以人拟物的翻译

**例** 酸走筋,多食之,令人癃。(《灵枢·五味论》)

---

① Li, Zhaoguo. *Yellow Emperor's Canon of Medicine Spiritual Pivot III* [M]. Xi'an: World Publishing Corporation, 2008: 895.

② Unschuld, P. U. *Huang Di Nei Jing Ling Shu: The Ancient Classic on Needle Therapy* [M]. Berkeley and Los Angeles: University of California Press, 2016: 689.

③ Wu, Liansheng & Wu, Qi. *Yellow Emperor's Canon of Internal Medicine* [M]. Beijing: China Science & Technology Press, 1997: 793.

李本：The sour [taste] <u>enters</u> the tendons, and excessive taking of sour [food] leads to difficulty to urinate.①

文本：Sour [flavor] <u>enters</u> the sinews. If one consumes too much of it, this will cause him to have a protuberance-illness.②

吴本：The sour taste <u>goes to</u> the tendon, when one takes sour taste excessively, he will have dysuria.③

本例以人类的动作"走"比拟五味在人体的运行，体现了以人拟物的修辞手法。从词性上看，"走"在例句中是动词，李本、文本和吴本均将其译作动词。从意义上看，例句中的"走"强调五味进入其所对应人体部位运行，李本和文本将"走"译为 enter，吴本将其译为 go to。对比 enter 和 go to，可以发现前者强调已进入某个位置，而后者更强调朝某个位置前进，因此 enter 比 go to 更准确。

2．以物拟物的翻译

**例 1**　肝脉鹜暴，有所惊骇。(《素问·大奇论》)

李本：[If] the Liver-Pulse <u>beats rapidly and irregularly</u>, [it is due to] fright.④

文本：When the [movement in the] liver vessel <u>gallops violently</u>, [this indicates that] there is something that has shocked [the patient].⑤

吴本：If the liver pulse is <u>rapid</u>, or the pulse can not be felt due to the fright of the patient and he also has dysphonia, it is the phenomenum（注：译者笔误）of the adverseness of vital energy due to fright.⑥

---

① Li, Zhaoguo. *Yellow Emperor's Canon of Medicine Spiritual Pivot II* [M]. Xi'an：World Publishing Corporation, 2008：739.

② Unschuld, P. U. *Huang Di Nei Jing Ling Shu: The Ancient Classic on Needle Therapy* [M]. Berkeley and Los Angeles：University of California Press, 2016：571.

③ Wu, Liansheng & Wu, Qi. *Yellow Emperor's Canon of Internal Medicine* [M]. Beijing：China Science & Technology Press, 1997：742.

④ Li, Zhaoguo. *Yellow Emperor's Canon of Medicine Plain Conversation II* [M]. Xi'an：World Publishing Corporation, 2005：559.

⑤ Unschuld, P. U. *Huang Di Nei Jing Su Wen: An Annotated Translation of Huangdi's Inner Classic—Basic Questions Volume I* [M]. Berkeley and Los Angeles：University of California Press, 2016：707.

⑥ Wu, Liansheng & Wu, Qi. *Yellow Emperor's Canon of Internal Medicine* [M]. Beijing：China Science & Technology Press, 1997：227.

例句中使用了"骛暴",意图以动物快速奔跑比拟人的脉象突然躁急散乱,是以物拟物的体现。从词性上看,"骛暴"描述了动作,李本和文本均将其译作"动词+副词"的形式,吴本则将其译为"系动词+形容词"的形式。据此,李本和文本的译文形式可以更好地表现例句中的动作描写。从意义上看,根据《朗文现代英语词典》,gallop 可以指马或类似的动物飞奔或奔驰,而 beat 无法表达类似含义。据此,可以发现文本的译法最能准确传达"骛暴"的语义,选用 gallop 也可以表现出以动物比拟脉象的比拟手法。

**例 2** 有所失亡,所求不得,则发肺鸣,鸣则肺热叶焦。(《素问·痿论》)

李本:Disappointment and frustration may cause Lung-Panting that heats the lung and scorches the lung lobes.①

文本:In case of a loss, or in case one longs for something but does not get it, then this manifests itself as lung noises. When such noises [appear], then the lung is hot and the lobes burn.②

吴本:When one's wish can not be satisfied and he becomes very disappointed, his heart-fire will scorch the lung to cause noise in respiration, and the heat of lung will cause its fluid to become exhausted.③

"鸣"是将肺部的一种病理性呼吸音比拟作鸟兽或昆虫的叫声,运用了以物拟物的形式。从词性上看,例 2 中的"鸣"是名词,李本、文本和吴本均将其译成英语中的名词,实现了翻译词性上的对等。从意义上看,李本将"鸣"译为 panting,是动词 pant 的现在分词形式。根据《朗文现代英语词典》解释,pant 意为 breathe quickly with short noisy breaths(气喘,喘息)。文本和吴本都将"鸣"译为 noise,noise 意为 a sound, especially one that is loud,

---

① Li, Zhaoguo. *Yellow Emperor's Canon of Medicine Plain Conversation II* [M]. Xi'an: World Publishing Corporation, 2005:525.

② Unschuld, P. U. *Huang Di Nei Jing Su Wen: An Annotated Translation of Huangdi's Inner Classic—Basic Questions Volume I* [M]. Berkeley and Los Angeles: University of California Press, 2016:656.

③ Wu, Liansheng & Wu, Qi. *Yellow Emperor's Canon of Internal Medicine* [M]. Beijing: China Science & Technology Press, 1997:214.

unpleasant, or frightening(响声,噪声)。对比发现,李本选择的 panting 可以更准确地传达"肺鸣"所强调的喘息声的意义,但三种译本实现了显性化处理以物拟物的比拟手法,未能在译文中映射出"鸣"听起来像是动物的叫声。

**例 3**　……松<u>吟</u>高山,虎<u>啸</u>岩岫……(《素问·六元正纪大论》)

李本：… pine trees <u>sing</u> over high mountains and tigers <u>roar</u> in stone caves … ①

文本：… when the pines <u>moan</u> in the high mountains, and when tigers <u>roar</u> in the mountain canyons … ②

吴本：… the pine trees <u>whistle</u> in the high mountain, the <u>roars</u> of tigers in the cave are heard … ③

从词性上看,例句中的"吟"是动词,三种译本都将其译为英语中的动词,实现了翻译词性上的对等。从意义上看,李本将"吟"译成 sing。根据《朗文现代英语词典》解释,sing 意为 birds produce high musical sounds(鸟鸣,鸟啼)。文本将"吟"译成 moan,意为 the wind makes a long low sound(风发出萧萧声)。吴本将"吟"译成 whistle,意为 a bird makes a high musical sound(鸟鸣,鸟啼)。sing 和 whistle 的意义十分接近,都用来描述鸟鸣,moan 则用来描述风刮过的声音。例句中的"吟"将风刮过松树发出的声音比拟成动物的叫声,因此李本的 sing 或吴本的 whistle 能够体现出以物拟物的修辞手法。

从词性上看,例句中的"啸"是动词,李本和文本均将其译成动词 roar,吴本则将其译成名词 roar。吴本中 the roars of tigers in the caves are heard 是被动句,而 the soft leaves turn up side … 和 the pine

---

① Li, Zhaoguo. *Yellow Emperor's Canon of Medicine Plain Conversation III* [M]. Xi'an: World Publishing Corporation, 2005：1021.

② Unschuld, P. U. *Huang Di Nei Jing Su Wen: An Annotated Translation of Huangdi's Inner Classic—Basic Questions Volume II* [M]. Berkeley and Los Angeles: University of California Press, 2016：500.

③ Wu, Liansheng & Wu, Qi. *Yellow Emperor's Canon of Internal Medicine* [M]. Beijing: China Science & Technology Press, 1997：418.

trees whistle …均是主动句,导致前后句式结构不统一。据此,例句中的"啸"译为动词 roar 为佳。

对比拟的翻译,笔者认为应遵循"忠实准确"的翻译原则:完整翻译比拟辞格,做到不漏译;以直译为主,显性化处理拟人辞格;注意词汇的选择,确保拟人翻译的译文体现人类特有的行为特征,拟物翻译的译文体现事物的本质特征。

### 五、比拟翻译对文化传播的启示

《黄帝内经》是中医学的经典著作,译者在翻译时应采取多种形式最大限度地在目的语文化中再现源语文化,实现文化信息的对等传递。因为翻译已不再仅仅被看作语言符号的转换,而是作为文化转换的模式。在处理源语文化与目的语文化差异较大的文本时,要特别注意文本中的文化因素。①

《黄帝内经》中的比拟辞格不仅可以使医理更易为人所理解,其本身也具有文学价值,蕴含着丰富的文化内涵。因此,在翻译《黄帝内经》中的比拟辞格时,应运用多种翻译策略和方法,使其映射在目的语的译文中。对比分析三种译本后,笔者发现,译者选用了表现人类独特行为或意识的词汇,选择了含义本身即可体现比拟辞格的词汇,显性化处理比拟辞格,这样既可准确传达源语文本的语义,又可在目的语译文中体现中医的文化内涵。

## 第二节 夸 张

夸张,又称铺张、扬厉、增文、增语、形容、夸饰、饰词、甚言等,常见于日常生活和文学作品中,既体现审美,也是人们突出表达思想的手段之一。夸张是《黄帝内经》中常用的修辞格,体现了《黄帝内经》的文学性。

---

① 徐珺,霍跃红. 典籍英译:文化翻译观下的异化策略与中国英语[J]. 外语与外语教学,2008(7):45-48.

## 一、夸张的概念

先秦时期，孟子以"不以文害辞，不以辞害志"论述夸张。两汉时期，文人在赋中过分使用夸张，受到司马迁、扬雄、王充等人的批评，使夸张经历了一次较大的波折。① 南北朝时期，刘勰在《文心雕龙·夸饰》中详论夸张的历史、审美效果、修辞效果和使用原则。刘勰肯定夸张的作用，指出赋夸而无度的现象，强调"夸而有节，饰而不诬"。② 清代汪中把夸张称为"形容"，在其所著的《述学·释三九》中精要论述了夸张的三种类型和重要问题。近代黄侃将夸张称为"饰词"，在其所著的《文心雕龙札记·夸饰》中探讨了运用"饰词"的五种情形和"饰词"的四个作用。陈望道在《修辞学发凡》中详细论述了夸张的定义、分类和作用，具有里程碑意义。陈望道指出，说话上张皇夸大过于客观的事实处，名叫夸张辞。③ 班兆贤认为，夸张是在客观事实的基础上对事物某些方面加以强调或渲染的一种修辞方法。④ 夸张，就是故意言过其实，或夸大事实，或缩小事实，目的是让对方对于说写者所要表达的内容有一个更深刻的印象。⑤ 例如，夸大时间长度的"半晌""千古"，缩小时间长度的"弹指""瞬息"，极言种类之多的"万般""万状"，微言空间之小的"一席之地""蝇头"，极力渲染程度的"一尘不染""骨瘦如柴"，着力强调声音的"鸦雀无声""怨声载道"等。⑥ 笔者认为，夸张首先是一种修辞，即夸大或缩小某事物以达到事半功倍之效，同时也是一种认知方式，即通过扩张修辞达到深刻认识事物的目的。

---

① 于广元.夸张修辞格的历史发展和审美特色[M].北京：社会科学文献出版社，2017：215.
② 于广元.夸张修辞格的历史发展和审美特色[M].北京：社会科学文献出版社，2017：219-221.
③ 陈望道.修辞学发凡[M].上海：复旦大学出版社，2008：104.
④ 班兆贤.《黄帝内经》修辞研究[M].北京：中医古籍出版社，2009：221.
⑤ 王希杰.汉语修辞学[M].北京：商务印书馆，2004：299.
⑥ 栾妮.《红楼梦》中的修辞造词研究[D].济南：山东大学，2009.

## 二、夸张的分类

古人多从创作手法的角度对夸张进行论述,较少或从夸张表达的内容,或从是否借助于其他修辞手法进行分类,并未深入研究夸张的类别。陈望道开夸张分类研究之先河,将夸张分为普通夸张和超前夸张。① 张弓在《现代汉语修辞学》中将夸张分为"数量、性态、质量的夸张"和"把不可能的说成可能的夸张"。② 黄庆萱在《修辞学》中将夸张分为四类:空间的夸饰、时间的夸饰、物象的夸饰、人情的夸饰。③ 为便于研究,本书依据陈望道等人的研究,将《黄帝内经》的夸张修辞分为普通夸张和超前夸张两类,且重点讨论普通夸张的扩大夸张和缩小夸张。

超前夸张常体现为落后者反而超越在前的特点。④ 例如,范仲淹的《御街行·秋日怀旧》中有"愁肠已断无由醉;酒未到,先成泪",此处将"未到"写在"成泪"之前,是一种超前夸张。普通夸张即超前夸张之外的夸张,广泛分布于日常用语和文学作品中。普通夸张可以进一步划分为程度夸张和可能夸张。程度夸张是通过对事物的富有弹性属性的量做扩大性或缩小性的描写,即扩大夸张和缩小夸张。例如,李白在《秋浦歌》中写道:"白发三千丈,缘愁似个长。""三千丈"极言白发之长,以扩大夸张手法表现内心愁绪之深。可能夸张一般利用假设,将现实生活中绝对不可能发生的事情说成是可能发生的事情,借以表达修辞主体的强烈感情。如《上邪》中"山无陵,江水为竭,冬雷震震,夏雨雪,天地合,乃敢与君绝",极言对爱情的坚定信念。

---

① 陈望道. 修辞学发凡[M]. 上海:复旦大学出版社,2008:105.
② 张弓. 现代汉语修辞学[M]. 石家庄:河北教育出版社,2014:119-120.
③ 刘月娜. 夸张辞格研究[D]. 保定:河北大学,2004.
④ 陈望道. 修辞学发凡[M]. 上海:复旦大学出版社,2008:105.

## 三、《黄帝内经》与夸张

《黄帝内经》为明确阐释中医学理论,强化表达效果,多使用扩大夸张和缩小夸张。

### (一) 扩大夸张

扩大夸张即故意把事物往大(多、高、长、强……)处说。① 《黄帝内经》常运用扩大夸张阐释医理和养生之道。

**例 1** 余闻上古有真人者,<u>提挈天地</u>,<u>把握阴阳</u>,呼吸精气,独立守神,肌肉若一,故能寿敝天地,无有终时,此其道生。(《素问·上古天真论》)

**例 2** 中古之时,有至人者,淳德全道,和于阴阳,调于四时,去世离俗,积精全神,<u>游行天地之间</u>,<u>视听八达之外</u>。(《素问·上古天真论》)

**例 3** 窘乎哉!圣人之为道也。<u>明于日月</u>,微于毫厘,其非夫子,孰能道之也。(《灵枢·逆顺肥瘦》)

**例 4** 妙乎哉问也。此刺之大约,针之极也,神明之类也,<u>口说书卷</u>,<u>犹不能及也</u>。(《灵枢·刺节真邪》)

例 1 "提挈天地,把握阴阳"运用扩大夸张,说明上古真人可以举天提地,掌握阴阳的规律,强调遵守阴阳之道对养生的重要性。例 2 "游行天地之间,视听八达之外"也使用了扩大夸张,说明至人不仅可以周游于天地间,而且他们的视觉和听觉可以豁达八方之外,强调至人修行后所达到的境界。例 3 "明于日月"使用了扩大夸张,说明圣人的针刺之道比日月的光辉还要明亮,强调针刺技术之博大精深。例 4 "口说书卷,犹不能及"也是扩大夸张,说明口头语言和书面文字都无法表现针刺技术的传奇之处,强调针刺技术的玄妙。

---

① 于广元. 夸张修辞格的历史发展和审美特色[M]. 北京:社会科学文献出版社,2017:2.

### (二) 缩小夸张

缩小夸张即故意把事物往小(少、矮、短、弱……)处说。①《黄帝内经》多使用缩小夸张描述恶劣的天气、恶化的病情和危急的症状等。

**例1** 阴气暴举,大寒乃至,<u>川泽严凝</u>,寒雾结为霜雪,甚则黄黑昏翳,流行气交,乃为霜杀,水乃见祥。(《素问·六元正纪大论》)

**例2** 温疟者,得之冬中于风,寒气藏于骨髓之中,至春则阳气大发,邪气不能自出,因遇大暑,<u>脑髓烁</u>、<u>肌肉消</u>,腠理发泄,或有所用力,邪气与汗皆出。(《素问·疟论》)

**例3** 悲哀太甚,则<u>胞络绝</u>,胞络绝则阳气内动,发则<u>心下崩</u>数溲血也。(《素问·痿论》)

例1"川泽严凝"运用缩小夸张,形象说明河泽结冰后硬如岩石,借以强调自然界寒冷之甚。例2"脑髓烁"和"肌肉消"皆是缩小夸张,形象描写人受暑热后出现的症状,强调暑热对人体健康伤害之重。例3"胞络绝"和"心下崩"也使用缩小夸张,说明过度悲哀使人的胞络受损、逼血下行,强调悲哀过甚对人体健康的不良影响。

### (三) 夸张的作用

夸张看似言过其实,实则意在突出客观事物的本质特征。《黄帝内经》中的夸张辞格渲染描写具体形象,以赋形和充实抽象的医理概念,借以凸显医理的本质特征,使晦涩高深的医理更易于理解。夸张着眼于传递说写主体的主观情感,着重激发接受者的情感共鸣,从而产生强烈的美感。② 当这种包含着说写主体思想情感的夸张形象作用于接受者的时候,接受者也在这种渗透着强烈

---

① 于广元.夸张修辞格的历史发展和审美特色[M].北京:社会科学文献出版社,2017:3.

② 于广元.夸张修辞格的历史发展和审美特色[M].北京:社会科学文献出版社,2017:10.

情感的夸张形象的作用下完成了对认知信息的反射、认同和接纳。①《黄帝内经》中的夸张辞格不仅呈现医学相关信息,还表现医理所蕴含的古代文化和哲学,有效激发读者对医理医术和中国文化的敬畏之情,强化读者对中医哲学和医理的认同。

## 四、《黄帝内经》夸张翻译的对比研究

### (一) 扩大夸张的翻译

**例1** 明于日月,微于毫厘。(《灵枢·逆顺肥瘦》)

李本:The principles established by the sages are as clear as the sun and the moon and as subtle as the finest things.②

文本:That which the Sages have identified as the WAY, it is as bright as sun and moon, and it is even more subtle than a fine hair.③

吴本:The principle of acupuncture of the saints is as bright as the sun and moon, and is meticulous without a least deviation.④

三种译本均使用相同句式直译"明于日月",区别在于李本将"明"译为 clear,而文本和吴本将"明"译为 bright。英语中 bright 强调光亮,clear 强调清楚。原文看似说明圣人总结的针刺之道,比日月的光辉还要明亮,实则强调针刺之道足够清楚明了。据此,应将"明"译为 clear,应在译文中准确传达夸张辞格意在突出的本质特征。

**例2** 其汤方以流水千里以外者八升,扬之万遍。(《灵枢·邪客》)

李本:[To prepare the Banxia] Decoction, [one should first ladle

---

① 栾妮.《红楼梦》中的修辞造词研究[D]. 济南:山东大学,2009.
② Li, Zhaoguo. *Yellow Emperor's Canon of Medicine Spiritual Pivot II* [M]. Xi'an:World Publishing Corporation, 2008:521.
③ Unschuld, P. U. *Huang Di Nei Jing Ling Shu: The Ancient Classic on Needle Therapy* [M]. Berkeley and Los Angeles:University of California Press, 2016:400.
④ Wu, Liansheng & Wu, Qi. *Yellow Emperor's Canon of Internal Medicine* [M]. Beijing:China Science & Technology Press, 1997:665.

out] eight Sheng of the water that has been running in the river for <u>one thousand Li</u>. [The water is] stirred for <u>ten thousand</u> times.①

文本：The recipe for the decoction [is as follows:] Take water that has flown for a distance of at least <u>1000 $li$</u>: 8 sheng. Ladle it <u>ten thousand</u> times.②

吴本：In forming the prescription of pinellia, take eight litres of flowing water, stir for <u>ten thousand times</u>.③

例2有两处夸张，分别是"千里"和"万"。对比三种译本，可以发现李本和文本均直译了"千里"，但吴本没有翻译"千里"，存在漏译的问题。针对"万"的翻译，三种译本均将其直译为 ten thousand。夸张辞格具有突出事物本质特征和传递说写主体主观情感的作用，因此应忠实翻译夸张辞格，避免漏译。

## （二）缩小夸张的翻译

**例1** 因遇大暑，脑髓<u>烁</u>，肌肉<u>消</u>。(《素问·疟论》)

李本：[In summer,] attack of summer-heat leads to <u>reduction</u> of cerebral marrow, <u>emaciation</u> and opening of the sweat pores.④

文本：If subsequently [the patient] encounters massive summerheat, his brain and marrow <u>melt</u>; his muscles and flesh <u>wane</u>.⑤

吴本：When encountering the summer-heat, will <u>feel fatigue</u>, <u>dizziness</u> of head, <u>emaciation</u> of muscle.⑥

---

① Li, Zhaoguo. *Yellow Emperor's Canon of Medicine Spiritual Pivot III* [M]. Xi'an: World Publishing Corporation, 2008: 823.
② Unschuld, P. U. *Huang Di Nei Jing Ling Shu: The Ancient Classic on Needle Therapy* [M]. Berkeley and Los Angeles: University of California Press, 2016: 633.
③ Wu, Liansheng & Wu, Qi. *Yellow Emperor's Canon of Internal Medicine* [M]. Beijing: China Science & Technology Press, 1997: 771.
④ Li, Zhaoguo. *Yellow Emperor's Canon of Medicine Plain Conversation II* [M]. Xi'an: World Publishing Corporation, 2005: 447.
⑤ Unschuld, P. U. *Huang Di Nei Jing Su Wen: An Annotated Translation of Huangdi's Inner Classic—Basic Questions Volume I* [M]. Berkeley and Los Angeles: University of California Press, 2016: 550.
⑥ Wu, Liansheng & Wu, Qi. *Yellow Emperor's Canon of Internal Medicine* [M]. Beijing: China Science & Technology Press, 1997: 180.

在"烁"字的翻译方面,李本和文本均是直译,吴本则是意译,译成"脑髓烁"的症状表现。对比三种译本,可以发现直译可以直观呈现夸张辞格,而 reduction(减少)的夸张效果弱于 melt(融化)。在"消"的翻译上,文本将其直译为 wane(减少),李本和吴本则意译成"肌肉消"的症状。考虑到夸张辞格的修辞作用,应显性化处理夸张辞格,将其直观呈现在译文中。据此,文本的修辞翻译效果更佳。

**例 2** 悲哀太甚,则胞络绝。(《素问·痿论》)

李本:Excessive sorrow stagnates the Pericardium-Collateral.[1]

文本:When sadness and grief are excessive, then the network [vessels] of the uterus rupture.[2]

吴本:When one is in excessive sorrow, the pericardium will be injured.[3]

在"绝"字的翻译上,李本将其译为 stagnate(停滞),文本译为 rupture(破裂),吴本译为 injure(伤害)。三种译本均选择直译夸张辞格,但译文的夸张效果有差异,文本效果最强,吴本其次,李本最弱。据此,文本的修辞翻译效果最佳。

对比分析三种译本的夸张修辞翻译,笔者认为应忠实准确翻译夸张辞格,避免漏译;以直译为主,显性化处理夸张辞格;重点关注是否准确传达夸张辞格意在突出的本质特征,避免错译;注意词语的选择,最大化实现夸张效果。

## 五、夸张翻译对文化传播的启示

《黄帝内经》的翻译应重视在目的语文化中再现源语文化,以实现《黄帝内经》中蕴含的中医哲学和文化的对等传递。《黄帝内

---

[1] Li, Zhaoguo. *Yellow Emperor's Canon of Medicine Plain Conversation II* [M]. Xi'an: World Publishing Corporation, 2005:525.

[2] Unschuld, P. U. *Huang Di Nei Jing Ling Shu: The Ancient Classic on Needle Therapy* [M]. Berkeley and Los Angeles: University of California Press, 2016:657.

[3] Wu, Liansheng & Wu, Qi. *Yellow Emperor's Canon of Internal Medicine* [M]. Beijing: China Science & Technology Press, 1997:214.

经》中的夸张辞格不仅有助于理解中医学理论,还可提高读者对中医哲学和文化的认知。因此,在翻译《黄帝内经》中的夸张辞格时应以实现文化信息的再现与传递为目标,使用异化为主的翻译策略,显性化处理夸张辞格,既可保证源语文本信息的准确传递,又可在目的语译文中再现中医哲学、医理和文化内涵。

## 第三节 避 讳

避讳,又称讳饰,是我国历史最悠久和运用最为广泛的修辞格之一。《词源》解释:"古人在言谈和书写时要避免君父尊亲的名字。对孔子及帝王之名,众所共讳,称公讳;人子避祖父之名,称家讳。"除了名字,避讳也是人们为了避免禁忌话题,使用便于接受的词汇进行粉饰和美化的表达。作为文学性极强的一部医学经典,《黄帝内经》多次使用避讳修辞。

### 一、避讳的概念

避讳出现得较早,但其起源时间说法不一,常见的观点有周代说、秦代说、殷商说和夏代说。[①] 早在先秦文献中,就已经发现在典籍和诗歌创作中使用避讳修辞,如《诗经·唐风·葛生》中"夏之日,冬之夜。百岁之后,归于其居!冬之夜,夏之日。百岁之后,归于其室!"以"百岁之后"避讳"死亡"。"避讳"一词较早出现在汉代王充的《论衡》中:"班叔皮续太史公书,载乡里人恶戒,邪人柾道,绳墨所弹,安得避讳?"魏晋及唐宋时期,避讳的范围扩大,形式日渐繁杂,越来越多的诗歌作品运用讳饰修辞。东晋陶渊明在《乞食》中提到"行行至斯里,叩门拙言辞","拙言辞"即避讳。唐代杜甫在《阁夜》中提到"卧龙跃马终黄上,人事依依漫寂寥"中,以"终黄土"避讳"死亡"。宋代周邦彦在《瑞龙吟·章台路》中提到"章台路,还见褪粉梅梢,试花桃树",以"章台"讳饰青楼妓馆。明清

---

[①] 郑爱玲. 避讳及避讳对古文献的影响[D]. 济宁:曲阜师范大学,2008.

时期,避讳之风极盛,开始出现与文字避讳相关的文字狱,小说也善用避讳,如《红楼梦》第39回丫鬟说:"南院马棚里走了水,不相干,已经救下去了。"作者以"走了水"避讳"失火"。进入现当代时期,学者开始系统性地研究避讳。史学家陈垣在《史讳举例》中认为:"民国以前,凡文字上不得直书当代君王或所尊之名,必须用其他方法以避之,是之谓避讳。"[1] 陈望道在《修辞学发凡》中指出:"说话时遇有犯忌触讳的事物,便不直说该事该物,却用旁的话来回避掩盖或者装饰美化的,叫做避讳辞格。"[2]

纵观避讳的发展历程,避讳受到文人墨客的青睐,常常出现于诗歌、小说中,用来回避死亡、疾病以及不雅事物。因此,避讳可以使语言讳而有致、雅而不俗,读起来舒心,听起来顺耳。

## 二、避讳的分类

依据不同的标准,避讳分类各异。从避讳形成的机制看,可以分为敬讳、聚讳、憎讳。依避讳的对象,可以分为为尊者讳、为贤者讳、为亲者讳。从避讳的使用情况来看,可以分为制度之讳和风俗之讳。总体来说,避讳可以分为敬讳和恶讳。[3] 敬讳是为了表现尊敬,避免使用与上级或长辈相同的名字或发音相同的名字;恶讳是由于厌恶,不愿使用与被厌恶对象相同的名字或发音相似的名字。陈望道在《修辞学发凡》中将避讳分为公用的和独用的。[4] 公用的避讳指的是俗讳,即人们在特定的场合、特定的时间自发地回避某些话题或字眼而形成的习俗,如过年过节时人们忌讳说与"死"相关的词;独用的避讳没有固定的表达,会随着交流的主题和语境发生变化。班兆贤将避讳分为四类[5]:第一种,避讳不愿直说的某些器官,如人们不愿直接说出人的生殖器官、肛门以及所属部位,就

---

[1] 陈垣. 史讳举例[M]. 北京:科学出版社,1958:1.
[2] 陈望道. 修辞学发凡[M]. 上海:复旦大学出版社,2008:111.
[3] 王新华. 避讳研究[M]. 济南:齐鲁书社,2007:242-246.
[4] 陈望道. 修辞学发凡[M]. 上海:复旦大学出版社,2008:111.
[5] 班兆贤.《黄帝内经》修辞研究[M]. 北京:中医古籍出版社,2009:242-246.

会使用其他词语来表示,如《灵枢·五音五味》提到"宦者去其宗筋,伤其冲脉,血泻不复,皮肤内结,唇口不荣,故须不生","宗筋"避讳男性外生殖器。第二种,避讳羞于启齿的生理现象,《黄帝内经》中对于性事、孕育等生理现象也常采用避讳,如《素问·上古天真论》提到"丈夫八岁,肾气实,发长齿更。二八,肾气盛,天癸至,精气溢泻,阴阳和,故能生子","阴阳和"避讳男女性事。第三种,避讳不便说的病情,如《灵枢·经脉》中提到"是主脾所生病者,舌本痛,体不能动摇,食不下,烦心,心下急痛,溏、瘕、泄、水闭、黄疸,不能卧……","溏"避讳大便溏稀,"瘕""泄"避讳痢疾。第四种,避讳不幸的事,如《灵枢·根结》中提到"不满十动一代者,五脏无气,予之短期,要在始终","短期"讳饰死亡。

避讳一方面来源于中国古代伦理社会成文的礼仪规范,体现互以他人为重的伦理意识,另一方面来源于人们趋吉避凶的伦理情感。为便于研究,本节将《黄帝内经》中的避讳修辞分成两类:避粗俗和避忌讳。

## 三、《黄帝内经》与避讳

### (一) 避粗俗

中医古籍中有关性事、生殖器、肛门、二便等因避其粗俗往往采取模糊说法,如用"交接""劳事"等称男女之事,用"前后""更衣"等指二便。《黄帝内经》中存在大量相关的例子,其中并不直接说明这类粗俗之语,而是用别的词语进行装饰或美化。

例1　魄门亦为五脏使,水谷不得久藏。(《素问·五脏别论》)

例2　宦者去其宗筋,伤其冲脉,血泻不复,皮肤内结,唇口不荣,故须不生。(《灵枢·五音五味》)

例3　女子在于面王,为膀胱子处之病,散为痛,抟为聚……(《灵枢·五色》)

例4　丈夫八岁,肾气实,发长齿更。二八,肾气盛,天癸至,精气溢泻,阴阳和,故能有子。(《素问·上古天真论》)

**例5** 仓廪不藏者,是门户不要也,水泉不止者,是膀胱不藏也。(《素问·脉要精微论》)

以上5例避讳陈述生殖器、肛门及与之相关的生理活动。"魄门"避讳肛门,"宗筋"避讳男性生殖器,"子处"避讳女性生殖器,"阴阳和"避讳男女性事,"仓廪不藏"避讳大便失禁,"水泉不止"避讳小便失禁。

### (二)避忌讳

在世界文化中,人们对吉祥、美好的事物往往心向往之,对不好的现象和事物进行掩饰或回避。一些话题因忌讳而不便直说,如死亡、疾病等,因其给人们造成痛苦和带来折磨,使人们对其产生排斥心理,人们往往不愿直接面对或提及。然而,生老病死又是人生中不得不正视的事件,在这种情况下,人们采用许多委婉的表达方法,如用"殁""逝""故""终""谢世""辞世""作古""古人""百岁""填沟壑""捐馆""捐躯""殉国""玉碎""物故""弃养"等来代替。作为医学典籍,《黄帝内经》中关于疾病和死亡的避讳描写比比皆是。

**例1** 故能形与神俱,而尽终其天年,度百岁乃去。(《素问·上古天真论》)

**例2** 厥阴终者,中热嗌干,善溺心烦,甚则舌卷卵上缩而终矣。(《素问·诊要经终论》)

**例3** 不满十动一代者,五脏无气,予之短期,要在终始。(《灵枢·根结》)

**例4** 色夭面脱,不治,百日尽已。(《素问·玉版论要》)

**例5** 形与气相任则寿,不相任则夭。(《灵枢·寿夭刚柔》)

以上5例中"去""终""短期""尽""夭"均以委婉的方式陈述死亡,这种以委婉之表达陈述避讳之事实的做法在古今文献中经常使用。

### (三)避讳的作用

在中医典籍中运用避讳修辞一是为了顾及读者的情感,避免疾病、死亡等不幸事件的刺激,避免读者出现尴尬场面或不愉快等情绪,增加语言表达效果;二是为了装饰美化礼仪伦理中认为的不雅因素,增加美学信息,排除信息传递中的心理障碍,提高信息传递的效率。① 因此,避讳修辞可以使由于忌讳不便直说的话题看起来委婉、读起来顺耳,易于读者接受中医典籍的医学理论和知识。

## 四、《黄帝内经》避讳翻译的对比研究

### (一)避粗俗的翻译

例　魄门亦为五脏使,水谷不得久藏。(《素问·五脏别论》)

李本:Pomen (anus) is also in charge of discharging [Turbid-Qi] for the Five Zang-Organs. Thus the [waste of] the food and water will not be retained [in the body] for a long time.②

文本:The po-gate (Wang Bing: "This is to say: the anus. Internally it communicates with the lung. Hence it is called gate of the po-soul ..."), too, is engaged by the five depots. Water and grain cannot be stored [there] for long.③

吴本:They discharge without storing, and they are called the 'the Hollow Organs for Digestion and Elimination'. This is to say the water, cereal and turbid-energy they received can not be retained in the body long.④

本例中"魄门"避讳"肛门"。李本采用音译和意译相结合的方法,不仅忠实原文的表层结构,又发掘出该避讳所蕴含的实际意

---

① 成伟钧,唐仲扬,向宏业. 修辞通鉴[M]. 北京:中国青年出版社,1991:521.

② Li, Zhaoguo. *Yellow Emperor's Canon of Medicine Plain Conversation I* [M]. Xi'an: World Publishing Corporation, 2005:149 – 151.

③ Unschuld, P. U. & Hermann, Tessenow. *An Annotated Translation of Huang Di's Inner Classic—Basic Questions Volume I* [M]. Berkeley and Los Angeles: University of California Press, 2011:205.

④ Wu, Liansheng & Wu, Qi. *Yellow Emperor's Canon of Internal Medicine* [M]. Beijing: China Science & Technology Press, 1997:69.

义,将其译成 Pomen(anus)。文本采用了加注的方式,将"魄门"的意义解释清楚,但这种做法在一定程度上影响读者的阅读体验,看完译文再看注释容易打断阅读者的思路。吴本将"魄门"译成 the Hollow Organs for Digestion and Elimination,在意思传达方面不够清晰,不利于目的语读者理解。笔者认为,对于极其隐晦的表达方式,翻译时应在充分理解其表层结构的基础上,努力挖掘其深层结构的实际所指,并以适当的方式将其传达到译入语中。至于其表层结构,因文化背景不同,无法保留的情况下可以考虑在译入语中予以放弃。表面上看,这种译法不够忠实原文,实际上是对原文最大程度的忠实,即以表层的不忠实来体现深层的忠实。这是"深化"译法的精微之所在,也体现了李照国提出的深化译法。①

## (二) 避忌讳的翻译

**例** ……故能形与神俱,而尽终其天年,度百岁乃去。(《素问·上古天真论》)

李本:That is why [they could maintain a desirable] harmony between the Shen (mind or spirit) and the body, enjoying good health and a long life.②

文本:Hence, they were able to keep physical appearance and spirit together, and to exhaust the years [allotted by] heaven.③

吴本:In this way, they could maintain both in the body and in the spirit substantiality, and were able to live to the old age of more than one hundred years.④

本例中"百岁乃去"意思是"活到百岁才去世",其中"去"避讳

---

① 李照国. 中医英语翻译技巧[M]. 北京:人民卫生出版社,1997:28.
② Li, Zhaoguo. *Yellow Emperor's Canon of Medicine Plain Conversation I* [M]. Xi'an: World Publishing Corporation, 2005:3.
③ Unschuld, P. U. & Hermann, Tessenow. *An Annotated Translation of Huang Di's Inner Classic—Basic Questions Volume I* [M]. Berkeley and Los Angeles: University of California Press, 2011: 31 - 32.
④ Wu, Liansheng & Wu, Qi. *Yellow Emperor's Canon of Internal Medicine* [M]. Beijing: China Science & Technology Press, 1997: 7 - 8.

"死亡"。三个译本均淡化了原文,将"死亡"(dead/die/death)省略,在翻译时进行了删节和改写,准确传递出原文"活到百岁才去世"的意思,提高了译文的可读性。对于避讳修辞的翻译,可以采用淡化译法,即为了提高译文的可读性,对完全不适用译入语表达的汉语和不符合译入语读者欣赏习惯的描写进行必要的删节或改写。①

### 五、避讳翻译对文化传播的启示

《黄帝内经》中避讳修辞的语篇可以以避讳之法进行翻译。中西方虽然信仰、价值观不同,但言语避讳是各种文化共有的社会现象,对死亡、疾病等话题都会有意识地使用委婉语,用相似的词语替代。基于这种相似性,笔者认为,在翻译避讳修辞时也应该使用避讳语言,这体现了中西方文化的通约性。另一方面,中西方文化、习俗的差异也决定了中西方避讳的差异、语言婉转程度的差异。基于这种差异性,在翻译时可以使用"深化法""淡化法""浅化法"等翻译方法,既有宏观上的指导意义,又有微观上的校正作用。

## 第四节 设 问

设问,又称问语或设疑,是故意从正面或反面提出问题的一种修辞方法。这种修辞方法能引起读者注意,启发读者思考,使语言波澜起伏,富于变化,增强说服力。②《黄帝内经》多次使用设问,以问答之法阐释医理。

### 一、设问的概念

学界针对设问的论述散见于修辞学著作或论文中。陈望道在

---

① 李照国. 中医英语翻译技巧[M]. 北京:人民卫生出版社,1997:30.
② 班兆贤.《黄帝内经》修辞研究[M]. 北京:中医古籍出版社,2009:254-255.

《修辞学发凡》中指出:"胸中早有定见,话中故意设问的,名叫设问。"① 程希岚在《修辞学新编》中指出:"运用设问法,故意掀起语言的波澜,使语势起伏不平、迭宕有加,这样不但可以引起对方的注意,而且可以把一部分意思蕴藏在设问之中,让读者自己去领会。"② 成伟钧等在《修辞通鉴》中将设问定义为"提出问题,接着自己作出解答,或者问而不答"③。张弓在《现代汉语修辞学》中认为,设问是适应语境(包括上下文)需要,把确定的意思用正问句式或反问句式表达出来。④ 刘瑞琴认为,设问是心中早有定见却故意提出问题,以便引起读者或听众的注意,启发他们的思考,加深他们的印象;或者借以突出某些观点和思想感情,使文章层次更加分明,结构更加紧凑,更富有起伏变化和艺术感染力。⑤ 由此可见,设问指的是作者心中有数,在无疑问的地方故意提问,目的是引起读者的注意和思考,其特点就是无疑而问,是通过问句形式引起读者注意或突出强调某种观点。

## 二、设问的分类

依据不同的标准,设问的分类也不同。陈望道在《修辞学发凡》中将设问分为两类:一是提问,即为了提醒下文而问,这种设问必定有答案在它的下文;二是激问,即为了激发本意而问,这种设问必定有答案在它的反面。⑥ 成伟钧等提出不同的分类标准:根据设问性质分为启发性设问、强调性设问和抒情性设问,根据问数分为单问和连问,根据设问者角度分为作者设问、让人物设问和借他人设问。⑦ 孙汝建等将设问分成疑问(悬文)、激文、提问三种,其中疑问是心中有疑惑而问,问者并不知道答案;激问是心中已经有

---

① 陈望道. 修辞学发凡[M]. 上海:复旦大学出版社,2008:114.
② 程希岚. 修辞学新编[M]. 长春:吉林人民出版社,1984:85.
③ 成伟钧,唐仲扬,向宏业. 修辞通鉴[M]. 北京:中国青年出版社,1991:522.
④ 张弓. 现代汉语修辞学[M]. 石家庄:河北教育出版社,2014:185.
⑤ 刘瑞琴. 设问辞格的修辞特征和艺术魅力[J]. 时代文学,2011(2):116-117.
⑥ 陈望道. 修辞学发凡[M]. 上海:复旦大学出版社,2008:114.
⑦ 成伟钧,唐仲扬,向宏业. 修辞通鉴[M]. 北京:中国青年出版社,1991:523.

了答案,为了激发本意而问,是一种用疑问形式表示肯定或否定意义的句式,激问的句法形式与其表示的意义相反,肯定形式表达强烈的否定内容,否定形式则表示强烈的肯定内容;提问是心中已有答案,为了提起下文而问,答案就在问题的后面。① 吴文杰认为问过之后可以有两种情况:一种是自问自答;另一种是问而不答,让对方自己去思索体会。总之,设问的运用非常广泛灵活,它既可以运用于各种体裁和语体风格的文章中,也可以运用于文章结构的各个部分。②

《黄帝内经》中许多篇目采用了问答的方式,其中包含许多设问。为研究之便,笔者将《黄帝内经》中的设问分为正问和反问两类。

## 三、《黄帝内经》与设问

### (一) 正问

正问,又叫提问,即为提起下文而问,这种设问必定在下文有答案。

**例1** 所以欲知阴中之阴阳中之阳者<u>何也</u>? 为冬病在阴,夏病在阳,春病在阴,秋病在阳,皆视其所在,为施针石也。(《素问·金匮真言论》)

**例2** 今精坏神去,荣卫不可复收。<u>何者</u>? 嗜欲无穷,而忧患不止,精气弛坏,荣泣卫除,故神去之而病不愈也。(《素问·汤液醪醴论》)

例1 询问医者要了解阴阳之中复有阴阳的道理,原因是要分析四时疾病的阴阳属性,根据季节、阴阳、疾病等不同情况来施用针刺和贬石疗法。例2 询问精坏神去、荣卫不可复收的原因,即忧患不止,精气弛坏,不懂养生之道。

---

① 孙汝建,陈丛耘. 趣谈汉语修辞格的语用艺术[M]. 北京:中国财政经济出版社,2015:156.

② 吴文杰. 浅谈设问的特点和作用[J]. 赤峰学院学报(汉文哲学社会科学版),2007,28(2):105-106.

## （二）反问

反问，又叫反诘或激问，是为了激发本意而问。这种设问必定有答案在它的反面。反问在《黄帝内经》中有两种形式：一种是肯定式的反问，其意在于否定；另一种是否定式的反问，其意在于肯定。

**例1** 凡诊者，必知终始，有知余绪，切脉问名，当合男女。离绝菀结，忧恐喜怒，五脏空虚，血气离守，工不能知，<u>何术之语</u>？（《素问·疏五过论》）

**例2** 人之情，莫不恶死而喜生，告之以其败，语之以其善，导之以其所便，开之以其所苦，虽有无道之人，<u>恶有不听者乎</u>？（《灵枢·师传》）

例1中经文的本意是医生应该了解病情，若不了解病情，就谈不上治疗技术。作者没有直接表达，而是用了"何术之语"这一反问修辞，以肯定形式表达否定意义。例2中岐伯认为没有人不愿意活着而愿意死的，如果告诉病人哪些是对身体有害的、哪些是对健康有利的，引导病人做适宜的事情，用患者的痛苦来劝诫病人，如此这般，即使有不通情理的人，哪里还会不听从劝告呢？此处"恶"即"没有"之义，表示否定，以否定形式表达肯定意义，强调了医生在指导病人时的责任和方法，即病人都会听从医生的劝告。

## （三）设问的作用

设问是《黄帝内经》中常用的修辞格，对于增强语言表达效果和提升文本的审美价值发挥了重要作用。首先，设问可以提醒读者注意，引起思考。《黄帝内经》作为中医经典著作，其蕴含的精妙医理和丰厚哲理对于一般读者而言相对奇异新鲜。行文时不直接将医理或哲理向读者解释，而是先提出问题，使读者注意力集中起来，调动读者的思维活力。随后揭开谜底，消除疑团，读者会产生满足的愉悦。① 其次,设问可以突出、强调某部分内容。正确运用设问能引人注意,凸显核心信息,使篇章层次分明、结构紧凑,可以更好地描写人物的思想活动,使文章波澜起伏、充满张力,增强文本的审美价值。

## 四、《黄帝内经》设问翻译的对比研究

### (一) 正问的翻译

**例** 所以欲知阴中之阴阳中之阳者<u>何也</u>?(《素问·金匮真言论》)

李本:<u>What is the use to divide Yin from Yin and Yang from Yang?</u> ②

文本:<u>Why would one want to know about yin in yin and yang in yang?</u> This is because in winter, diseases are in the yin [sections]. ③

吴本:<u>The reason for one to know the principles of Yin in the Yin and Yang in the Yang</u> is for analyzing the condition of diseases according to the five viscera and the four seasons. ④

三个译本中,李本和文本运用了等化译法,即确保译语和源语在语义和形式上趋于相等。例文中"何也"意思是"为什么",并以问号结尾,译语以特殊疑问词 why 进行提问,以问号结尾,在语义和形式上与源语保持了一致。吴本运用陈述语序,将原文中的自问自答融合成一句,在句法形式上并没有与原文保持一致,运用意译的翻译法把原文的意思忠实地传递出来。笔者认为,翻译正问

---

① 成伟钧,唐仲扬,向宏业. 修辞通鉴[M]. 北京:中国青年出版社,1991:522 - 523.

② Li, Zhaoguo. *Yellow Emperor's Canon of Medicine Plain Conversation I* [M]. Xi'an: World Publishing Corporation, 2005:45.

③ Unschuld, P. U. & Hermann, Tessenow. *An Annotated Translation of Huang Di's Inner Classic—Basic Questions Volume I* [M]. Berkeley and Los Angeles: University of California Press, 2011:89.

④ Wu, Liansheng & Wu, Qi. *Yellow Emperor's Canon of Internal Medicine* [M]. Beijing: China Science & Technology Press, 1997:27.

时,译文应尽可能在形式和内容上与原文保持一致,即句式向原文句式靠拢,意思忠实于原文内容。

### (二) 反问修辞的翻译

**例** 凡诊者,必知终始,有知余绪,切脉问名,当合男女。离绝菀结,忧恐喜怒,五脏空虚,血气离守,工不能知,<u>何术之语</u>?(《素问·疏五过论》)

李本:[When] diagnosing a disease, [doctors] must know the past and present [states of the disease as well as] the principal and secondary [aspects of the disease] … [If] doctors are ignorant [of these changes], <u>[they are certainly] ineligible for talking about techniques [of diagnosis and treatment]</u>.①

文本:Whenever one diagnoses [a disease], it is essential to know its end and begin, and one must also know the remaining clues … if the practitioner fails to know this, <u>what art is there to speak of?</u> ②

吴本:In diagnosis, one must know the whole process of the development of the disease, and be able to know the end by inspecting the beginning … If a physician does not know these things, <u>how can he know what to do in treating?</u> ③

肯定式反问目的在于否定。"何术之语"将宾语前置,即"没有医术"。三个译本都忠实传达出原文中否定的含义。李本中 ineligible 的意思是"不合格的",传递出原文否定的含义,句型上采用了 if 引导的条件状语从句,主句运用陈述语序,在形式上没有与原文保持一致。吴本中 does not 还原了原文中的否定,忠实地传递出原文的含义,而且句末以反问结尾,在语义和形式上与原文保持

---

① Li, Zhaoguo. *Yellow Emperor's Canon of Medicine Plain Conversation III* [M]. Xi'an: World Publishing Corporation, 2005:1255 – 1257.

② Unschuld, P. U. & Hermann, Tessenow. *An Annotated Translation of Huang Di's Inner Classic—Basic Questions Volume II* [M]. Berkeley and Los Angeles: University of California Press, 2011:672 – 673.

③ Wu, Liansheng & Wu, Qi. *Yellow Emperor's Canon of Internal Medicine* [M]. Beijing: China Science & Technology Press, 1997:472.

一致,体现了等化翻译法。文译本同样在语义和形式上与原文保持一致,fails to 与原文"不能知"对应,结尾处运用反问语序来表示否定。

### 五、设问翻译对文化传播的启示

《黄帝内经》设问修辞主要体现为正问和反问。设问不仅是一种语言上的修辞,同时也承载了中国古代哲学、思想和文化,体现了古人思维和记录形式。翻译设问时保留原文的设问形式可以帮助目标语读者理解原作文化背景下的思维方式和表达习惯,这种忠实于原文的翻译策略有助于传播和保护原文化的独特性,有利于原汁原味地传播中医药文化。

## 第五节 感 叹

感叹作为一种修辞手段,其使用与情感的表达息息相关。感叹或是用于表达人物内心的各种情绪,借以活现人物的思想情感,使读者闻其声见其人;或是用来直接抒发说话者内心强烈感受,引发读者共鸣。①《黄帝内经》是运用感叹修辞表达情感的中医经典之作。

### 一、感叹的概念

感叹作为修辞和语法现象,其相关研究最早出现在《马氏文通》中,称作"咏叹句"。② 之后不少学者对感叹进行了总结和归纳。吕叔湘在《中国文法要略》中指出,"以感情的表达为主要任务的叫感叹语气"③。朱德熙在《语法讲义》中也对感叹句进行了

---

① 杨春霖,刘帆. 汉语修辞艺术大辞典[Z]. 西安:陕西人民出版社,1995:441.
② 马建忠. 马氏文通[M]. 北京:商务印书馆,1983:323-326.
③ 吕叔湘. 中国文法要略[M]. 北京:商务印书馆,2014:434.

界定,认为"感叹句的作用是表达情感,但同时也报道信息"①。杜道流认为,感叹句是以直接抒发感情为主要功能的句子。② 感叹句具有抒情性、主观性、超符号性、内省性等特征。杜氏根据句子是以抒情为主还是以陈述信息为主来区分感叹句和陈述句,以是否给对方留有一定的解说余地来区分感叹句和反问句,以说话人的主观动机和行动是否客观可行来区分感叹句和祈使句。陈望道在《修辞学发凡》中认为,深沉的思想或猛烈的感情,用一种呼声或类乎呼声的词句表达出来的,便是感叹辞,通常以感叹句、设问句、倒装句为表现形式。③ 作为一种修辞手段,感叹主要用来表达兴奋、感慨、不平、惊讶等情绪,常常充当句子的独立成分,有时还能起到很好的修辞作用。叹词的使用大部分在于表达喜、怒、哀、乐之情,透过语言表达情绪起伏。为便于研究和避免重复,本节主要讨论以感叹句为表现形式的感叹辞。

## 二、感叹的分类

感叹句的分类具有相当强的主观性,不同的学者对感叹句的分类迥异。吕叔湘在《中国文法要略》中将感叹句分为由感叹词或感叹词组构成的感叹句、陈述句式的感叹句、疑问句式的感叹句、祈使句式的感叹句、带有感叹词的复合句五类。④ 黄伯荣、廖序东在《现代汉语》中按形式将感叹句分为由感叹词构成的感叹句、由感叹词和句子构成的感叹句、不带感叹词的感叹句三类。⑤ 王洪梅从对特定条件依赖的角度将感叹句分为依赖感叹句和标准感叹句,又在此基础上对这两大类进行细分。根据《黄帝内经》的行文特点,本节将《黄帝内经》的感叹句分为以副词为标记的感叹句和以语气助词或叹词为标记的感叹句两大类。

---

① 朱德熙. 语法讲义[M]. 北京:商务印书馆,1982:211.
② 杜道流. 现代汉语感叹句研究[D]. 合肥:安徽大学,2003.
③ 陈望道. 修辞学发凡[M]. 上海:复旦大学出版社,2008:115-116.
④ 吕叔湘. 中国文法要略[M]. 北京:商务印书馆,2014:435.
⑤ 黄伯荣,廖序东. 现代汉语(上下)(增订五版)[M]. 北京:高等教育出版社,2011.

## 三、《黄帝内经》与感叹

### （一）以副词为标记的感叹句

副词在句法功能上充当状语这一现象得到学者的认同，副词在感叹句中有完句和标示语气两种作用。①《黄帝内经》中存在较多的以"善"为标记的感叹句，带有强烈的个人情感色彩。

**例** 发则阳气盛，阳气盛而不衰则病矣。其气不及于阴，故但热而不寒，气内藏于心，而外舍于分肉之间，令人消烁脱肉，故命曰瘅疟。帝曰：<u>善</u>。（《素问·疟论》）

本例中岐伯向黄帝解释，由于阳气亢盛，发热严重，消耗损伤了人体中的津液，造成身形消瘦，所以将这种病叫作"瘅疟"，黄帝听后连声夸赞"善"。此处，副词"善"独立成句，虽未用感叹号，但语气是感叹，这种用法在《黄帝内经》中比比皆是。

### （二）以语气助词为标记的感叹句

语气助词用在句中表示停顿和强调，常常在句末。《黄帝内经》中存在大量以"乎""也""焉""矣"等语气助词结尾的感叹句。

**例1** 凡此五者，各有所伤，<u>况于人乎</u>！（《灵枢·五变》）

**例2** 帝曰：有故病五脏发动，因伤脉色，<u>各何以知其久暴至病乎</u>！岐伯曰：<u>悉乎哉问也</u>！（《素问·脉要精微论》）

**例3** 所谓五有余者，五病之气有余也，二不足者，亦病气之不足也。今外得五有余，内得二不足，此其身不表不里，<u>亦正死明矣</u>！（《素问·奇病论》）

例1中黄帝请教少俞，同是感受邪气而患病，人们所患的疾病却不相同，原因是什么？少俞以树木在五种不同的自然情况下受到不同的伤害为例，说明自然界的变化，连树木都各有损伤，更何况人呢。本例中语气助词"乎"以反问的形式起到加强语气的作用。例2中黄帝请教岐伯脉诊之法，岐伯感叹：你问得真详细啊！

---

① 杜道流. 现代汉语感叹句研究[D]. 合肥：安徽大学，2003.

语气助词"也"起到加强语气的作用,表达出岐伯对黄帝的赞赏。

例3 黄帝和岐伯在讨论"五有余二不足"的证候:所谓"五有余",就是身热如炭、喘息、气逆等五种病气有余的证候;所谓"二不足",就是癃而一日数十溲、脉微细如发这两种正气不足证候。现在患者外见五有余,内见二不足,这种病既不属单纯的表证,又不属单纯的里证,不表不里,补泻难施,所以说是必死无疑了。语气助词"矣"表达对于"五有余二不足"必然导致死亡的一种哀叹。

### (三) 感叹的作用

感叹作为《黄帝内经》中常用的修辞格,能够有效地表达愤怒、喜悦、惊讶等情感,使经文具有更强的感情色彩,增强感染力。感叹句同时能够强调某种观点或事物的重要性,从而引起读者的注意,使读者产生共鸣,从而更好地理解、接受经文所表达的观点。

## 四、《黄帝内经》感叹翻译的对比研究

### (一) 以副词为标记的感叹句

例　……故命曰瘅疟。帝曰:<u>善</u>。(《素问·疟论》)

李本:… That is why this disease is called Dannüe (Heat-Malaria). Huangdi said, "Good!"①

文本:… Hence, [this disease] is called solitary [heat] malaria. [Huang] Di:"Good!"②

吴本:… and the disease is called the dan-malaria. Yellow Emperor said:"Good."③

三个译本在翻译"善"类程度副词感叹句时均运用了等化译

---

① Li, Zhaoguo. *Yellow Emperor's Canon of Medicine Plain Conversation II* [M]. Xi'an: World Publishing Corporation, 2005:449.

② Unschuld, P. U. & Hermann, Tessenow. *An Annotated Translation of Huang Di's Inner Classic—Basic Questions Volume I* [M]. Berkeley and Los Angeles: University of California Press, 2011:552.

③ Wu, Liansheng & Wu, Qi. *Yellow Emperor's Canon of Internal Medicine* [M]. Beijing: China Science & Technology Press, 1997:180-181.

法,即译语和源语在语义和形式上趋于相等。源语中"善"强调黄帝的提问切中要点,三个译本均使用 good 忠实准确地还原出黄帝对岐伯的赞同之情。

### (二) 以语气助词为标记的感叹句

**例 1** 凡此五者,各有所伤,<u>况于人乎</u>!(《灵枢·五变》)

李本:Even the five kinds of trees are subject to damages [under different climatic changes], <u>let alone human beings!</u> ①

文本:All these five [possible scenarios] will each result in damage. <u>How much more does this apply to man!</u> ②

吴本:In this five different conditions of wood stated above, all of them have different damages respectively, <u>let alone man.</u> ③

李本使用了感叹号,体现了"乎"作为感叹词的特性,强调了树木与人类脆弱性之间的对比。文本运用了 how 引导的感叹句,以更加复杂的方式传达"乎"所暗示的强调,这种方式更为正式,既引发读者反思,又体现出感叹的强调作用。吴本以更为随意的方式传递出原文的意思,在情感表达方面略显平淡。

**例 2** 帝曰:有故病五脏发动,因伤脉色,各何以知其久暴至病乎?岐伯曰:<u>悉乎哉问也</u>!(《素问·脉要精微论》)

李本:Huangdi asked: "The old disease and [the new disease caused by] invasion of [pathogenic factors into] the Wuzang (Five Zang-Organs) all affect the pulse and countenance. How to distinguish the old from the new?" Qibo answered: "<u>What a detailed question [Your Majesty] have asked!</u>" ④

---

① Li, Zhaoguo. *Yellow Emperor's Canon of Medicine Plain Conversation I* [M]. Xi'an: World Publishing Corporation, 2005: 813.

② Unschuld, P. U. & Hermann, Tessenow. *An Annotated Translation of Huang Di's Inner Classic—Basic Questions Volume I* [M]. Berkeley and Los Angeles: University of California Press, 2011: 439.

③ Wu, Liansheng & Wu, Qi. *Yellow Emperor's Canon of Internal Medicine* [M]. Beijing: China Science & Technology Press, 1997: 686.

④ Li, Zhaoguo. *Yellow Emperor's Canon of Medicine Plain Conversation I* [M]. Xi'an: World Publishing Corporation, 2005: 213.

文本：[Huang] Di: "When there is an old disease which is activated in the five depots, and when, as a result, harm [is manifested in the movement in the] vessels and in the complexion, how can one know, in each such case, whether it is a chronic [disease], or one that came about all of a sudden?" Qi Bo: "<u>An encompassing question, indeed!</u>" ①

吴本：Yellow Emperor asked: "When the viscera of some patients with old disease being stirred, it often effects its pulse and complexion, how can we know the disease is an old one or new one?" Qibo answered: "<u>What a meticulous question you have asked.</u>" ②

翻译以语气助词"也"为标记的感叹句时，李本使用了 what 引导的感叹句，并把 question 后面的定语从句补充完整，使译文完整、正式。文本使用了副词 indeed 进行强调，对应了原文中的感叹"乎"，encompassing 一词表明这是一个涵盖范围较广泛的问题，有效地传达出岐伯对问题复杂性的赞赏。和李本一样，吴本也使用了 what 引导的感叹句，其中形容词 meticulous 描述问题的性质，强调了问题所涉及内容的精确性和对细节的关注，但感叹号缺失会严重影响读者对原文意图的语气和情感的把握。

**例3** 所谓五有余者，五病之气有余也，二不足者，亦病气之不足也。今外得五有余，内得二不足，此其身不表不里，<u>亦正死明矣</u>！（《素问·奇病论》）

李本：The so-called Five-Excess means excess of Qi (Evil-Qi) in five kinds of symptoms and the so-called Two-Insufficiency means insufficiency [of Zhengqi] in two symptoms ... <u>That is why it is incurable.</u> ③

---

① Unschuld, P. U. & Hermann, Tessenow. *An Annotated Translation of Huang Di's Inner Classic—Basic Questions Volume I* [M]. Berkeley and Los Angeles: University of California Press, 2011: 294.

② Wu, Liansheng & Wu, Qi. *Yellow Emperor's Canon of Internal Medicine* [M]. Beijing: China Science & Technology Press, 1997: 92.

③ Li, Zhaoguo. *Yellow Emperor's Canon of Medicine Plain Conversation II* [M]. Xi'an: World Publishing Corporation, 2005: 555.

文本：As for the so-called 'five that have surplus', [that is to say]: the qi of the five diseases have a surplus. As for the 'two that are insufficient', these, too, are inefficiencies of disease qi … Evidently, it is quite normal that [the patient] will die.①

吴本：The so-called having a surplus is indicating there is a surplus in the evil-energy … the patient can not be treated from the superfices, nor can be treated from the interior, so, he is having a fatal disease.②

翻译以语气助词"矣"为标记的感叹句时,李本通过使用 it is incurable 这一句子来说明病情的严重程度。文本以 Evidently 开始,给出明确结论,译文 it is quite normal that [the patient] will die 直抒胸臆,由于译文直接判定了病人死亡的命运,因此隐含了感叹。吴本以一个简单直接的声明结束,译文中 so 的使用表明了逻辑上的结论,而 fatal disease 表明了疾病的严重性,译文虽未使用感叹性的语言,但诊断的最终性本身就是对病人状况的一种感叹。笔者认为,虽然三个译本都没有使用感叹号,但它们都传达了诊断的严重性和最终性,这可以被视为一种隐含的感叹形式。翻译以副词为标记的感叹句时,宜采用直译加感叹号的形式,能够忠实传递出原文的意思,并且表达出赞美等强烈的感情。翻译以语气助词为标记的感叹句时,应考虑到《黄帝内经》语言的文学性和规范性,译文句式结构应该完整、正式。感叹词可以表达惊讶、喜悦、愤怒、悲伤等不同的感受,在翻译中明确感叹蕴含的具体情感至关重要。

## 五、感叹翻译对文化传播的启示

感叹用来表达强烈的情感,翻译富含感叹修辞、文学性强的文

---

① Unschuld, P. U. & Hermann, Tessenow. *An Annotated Translation of Huang Di's Inner Classic—Basic Questions Volume I* [M]. Berkeley and Los Angeles: University of California Press, 2011: 701.

② Wu, Liansheng & Wu, Qi. *Yellow Emperor's Canon of Internal Medicine* [M]. Beijing: China Science & Technology Press, 1997: 225-226.

言文需要深刻理解源语言和文化背景。译者必须首先掌握其上下文语境,才能确保译文在形式和意义上传递与原文的最佳关联。此外,文化适应是翻译中更具挑战性的方面。由于文化差异,一些感叹词在目标语言中无法找到对等译文,在这种情况下,译者必须找到在目标文化中具有相近情感和文化内涵的表达方式,确保译文与目标受众产生共鸣,才能实现中医药文化的有效传播。

# 第三章 《黄帝内经》的词语修辞与翻译

## 第一节 省 略

省略是一种避免重复、保持简洁的语法手段。作为一种常见的语言现象及修辞手法，省略涉及语义、语用和语法三个层面，因此其本质、内涵错综复杂。省略在《黄帝内经》中应用普遍，既有词的省略，又有句子的省略，总体上多为只写一二语的积极省略和蒙上消极省略。

### 一、省略的概念

省略是指依据语境将话语中的语句适当省去的语言现象，最早见于《左传》《国语》《礼记》等，省略的研究起源于汉代。① 汉代经学家郑玄在《礼记·中庸注》中提出"省文"的术语②，用于揭示省略的现象。唐宋时期，省略的研究开始从语义转向语用或修辞，研究内容从注疏延伸到文史理论著作。③ 明末清初，学者对于省略的研究日渐增多，对于省略现象的论著、论述层出不穷。其中，清末俞樾等的《古书疑义举例五种》是古代省略研究的集大成之

---

① 张家文. 古汉语省略研究说略[J]. 襄樊学院学报, 2000 (1): 64-67.
② 郑玄. 礼记正义[M]. 北京: 中华书局, 1982: 2119.
③ 浦起龙. 史通通释[M]. 上海: 上海书店, 1988: 15.

作。① 1898 年,《马氏文通》最早从语法的角度对省略进行研究,通过分析起词(即主语)和语词(即谓语)省略及特殊句式的省略情况,归纳分析了省略的原因,揭开了省略研究的新篇章。当代语言学家吕叔湘将省略定义为:"第一,如果一句话离开了上下文或者说话的环境意思就不清楚,必须添补一定的词语才清楚;第二,经过添补的话是实际上可以有的,并且添补的词语只有一种可能,这样才能说是省略了这个词语。否则只能说是隐含。"②朱德熙在《语法讲义》中认为:"省略的说法不宜滥用,特别是不能因为一个句子意义上不自足就主观地说它省略了什么成分。"③王力在《中国现代语法》中指出:"当咱们接着别人的话说下去(如答复、辩论等),或接着自己的话说下去的时候,都比会话刚开始的时候省力些,本该用许多字句的话,因是接着,便可省去那些刚才已说过的部分,甚至可用很简单的形式把它表达出来。接着说,就是承说法;比正常的句子形式所用的词较少,就是省略法。"④陈望道指出:"话中把可以省略的语句省略了的,名叫省略辞。"⑤

省略作为一种常见的语言现象,涉及语义、语用和语法三个层面,其本质、内涵都是极其错综复杂的。笔者认为省略的定义应当将三者结合起来,只有将形式与意义相结合、动态与静态相结合,才能使省略的研究更加全面而科学。基于此,笔者认为,省略是指在一定的语境中言语交际者有意或无意省略某些词语或句子但一般不会影响话语意义的言语行为。

## 二、省略的分类

陈望道提出省略可分为积极的省略和消极的省略两种,后者再分蒙上省略和探下省略两类。20 世纪 80 年代,王维贤将省略分

---

① 俞樾等. 古书疑义举例五种[M]. 北京:中华书局,1956:23-43.
② 吕叔湘. 汉语语法分析问题[M]. 北京:商务印书馆,1979:67-68.
③ 朱德熙. 语法讲义[M]. 北京:商务印书馆,1982:220-221.
④ 王力. 中国现代语法[M]. 北京:商务印书馆,1985:310.
⑤ 陈望道. 修辞学发凡[M]. 上海:复旦大学出版社,2008:148.

为语义省略、句法省略和语用省略三类。① 施关淦区分了承上省、蒙后省、对话省和自述省四种省略。② 班兆贤将省略分为省词和省句两种。③ 后世关于省略的分类多是基于陈望道的论述,陈氏的分类兼顾了省略的内容和语境,本书亦遵循此法。

积极省略指凡属可以省略的简直不写,或虽写只以一二语了之。④ 其又可细分为两种情况:一是省句到极,简直不写;二是省句不到这样程度,不是不写,只是略写。前者强调对于某些句子、段落甚至章节的主动省去;后者常用在不能略了不写,而上文又已经详写过了不必再加详写的地方,常用一二语带过,如"其余类推""某某亦然"等。所谓积极省略法,其实都是省句的省略法。⑤ 消极省略不是省句而是省词,可细分为蒙上省略和探下省略两种。蒙上省略指凡是上文出现过的词,下文便省略,如《论语·述而》中"多闻择其善者而从之,多见而识之"⑥,"多见"之后省略了上文提到的"择其善者"。探下省略正好相反,对于上下同有的词把上文先省略,在下文中保留,如《诗经·豳风·七月》中"七月在野,八月在宇,九月在户,十月蟋蟀入我床下"。相对前者,探下省略较少见。

### 三、《黄帝内经》与省略

省略在《黄帝内经》中较为普遍,既有词的省略,又有句子的省略。《黄帝内经》的省略多为只写一二语的积极省略和蒙上消极省略。

#### (一) 积极省略

**例1** 黄脉之至也,大而虚,有积气在腹中,有厥气,名曰厥疝,<u>女子同法</u>……(《素问·五藏生成》)

---

① 王维贤. 现代汉语语法理论研究[M]. 北京:语文出版社,1997:18-29.
② 施关淦. 关于"省"和"隐含"[J]. 中国语文,1994(2):125-128.
③ 班兆贤.《黄帝内经》修辞研究[M]. 北京:中医古籍出版社,2009:247.
④ 陈望道. 修辞学发凡[M]. 上海:复旦大学出版社,2008:148.
⑤ 陈望道. 修辞学发凡[M]. 上海:复旦大学出版社,2008:150.
⑥ 陈望道. 修辞学发凡[M]. 上海:复旦大学出版社,2008:150.

**例2**　帝曰:平气何如?岐伯曰:无过者也。帝曰:太过不及奈何?岐伯曰:<u>在经有也</u>。(《素问·六节藏象论》)

例1中"女子同法"指的是女子的治疗方法也是一样的,因前文已经提及方法,此处省略并未重复再提。例2"在经有也"中的"经"指经书,此处是指这些情况在经书中已有记载。

### (二) 消极省略

1. 蒙上省略

**例1**　五精所并:精气并于心则喜,<u>并于肺则悲,并于肝则忧,并于脾则畏,并于肾则恐</u>,是谓五并,虚而相并者也。(《素问·宣明五气》)

**例2**　故邪中于头项者,<u>气至头项而病;中于背者,气至背而病;中于腰脊者,气至腰脊而病;中于手足者,气至手足而病</u>。(《素问·疟论》)

例1属于主语承前省略,即后面四句皆省略了主语"精气"。例2"故邪中于……"句中皆是承前省略主语"邪"。

**例3**　臣虽不敏,请陈其道,令终不灭,<u>久而不易</u>。(《素问·六元正纪大论》)

**例4**　切脉动静而视精明,察五色,观五脏有余不足,<u>六腑强弱,形之盛衰</u>,以此参伍,决死生之分。(《素问·脉要精微论》)

例3中"久而不易"承前省略了谓语"令",达到句式整齐的目的。例4"六腑强弱""形之盛衰"前均省略谓语"观"。

**例5**　无损不足,<u>益有余,以成其疹</u>,然后调之。(《素问·奇病论》)

**例6**　卫气不得入于阴,常留于阳。<u>留于阳则阳气满</u>,阳气满则阳跷盛,不得入于阴则阴气虚,故目不得瞑矣。(《灵枢·大惑论》)

例5承前省略了状语"无",即"无损不足""无益有余""无以成其疹"。例6"留于阳则阳气满"前省略状语"常"。

**例7**　诊有十度,度人脉度、脏度、肉度、筋度、俞度。阴阳气尽,人病自具。(《素问·方盛衰论》)

**例 8** 故天之邪气,感则害人五脏;水谷之寒热,感则害<u>于六腑</u>;地之湿气,感则害<u>皮肉筋脉</u>。(《素问·阴阳应象大论》)

例 7 中"脏度""肉度""筋度""俞度"皆承前省略定语"人"。例 8 中"于六腑""皮肉筋脉"前均承前省略定语"人"。

2. 探下省略

**例 1** 故邪中于头项者,<u>气至头项而病</u>;中于背者,<u>气至背而病</u>;中于腰脊者,<u>气至腰脊而病</u>;中于手足者,<u>气至手足而病</u>。卫气之所在,与邪气相合,则病作。(《素问·疟论》)

**例 2** 以<u>火补者</u>,毋吹其火,须自灭也。以<u>火泻者</u>,疾吹其火,传其艾,须其火灭也。(《灵枢·背腧》)

例 1 中"气至头顶而病""气至背而病""气至腰脊而病""气至手足而病"前均蒙后省略了定语"卫",应为"卫气"。例 2 中"火补者""火泻者"前均蒙后省略定语"艾"。

**例 3** 肺疟者,令人心寒,<u>寒甚热</u>,热间善惊,如有所见者,刺手太阴阳明……脾疟者,令人寒,腹中痛,热则肠中鸣,鸣已汗出,刺足太阴。(《素问·刺疟》)

**例 4** <u>脉盛滑坚者</u>,曰病在外。脉小实而坚者,病在内。脉小弱以涩,谓之久病。脉滑浮而疾者,谓之新病。(《素问·平人气象论》)

例 3 "寒甚热"中"热"前蒙后省略连词"则"。例 4 "脉盛滑坚者"中"坚者"前蒙后省略连词"而",即"脉盛滑而坚者"。

### (三) 省略的作用

省略是一种避免重复的语法和修辞手段。通过省略,新信息得以凸显,文章衔接更加紧密,结构更加紧凑。《黄帝内经》中普遍使用省略修辞格,辞面简洁,赋予其形态美、音律美、声音美,彰显了医家深厚的文字功底。文章句式整齐,文笔简洁通畅,有利于大众的接受和流传。其次,古文讲求韵律之美,《黄帝内经》中多运用对照、对偶、排比、顶针修辞方式,为了达到这种修辞效果,就会在句式中有错综省略的修辞方式,以达到文章韵律的和谐,读起来朗朗上口。[①]

---

[①] 张斌,王治梅,赵晓丽,等.《黄帝内经》省略辞格翻译探析[J]. 时珍国医国药,2011,22(3):693-695.

## 四、《黄帝内经》省略翻译的对比研究

### （一）积极省略的翻译

**例1** 帝曰：平气何如……岐伯曰：<u>在经有也</u>。(《素问·六节藏象论》)

李本：Huangdi asked："How about Pingqi ( Qi without excess and deficiency ) …?" Qibo answered：" <u>There is ［description］ in the canons.</u>"①

文本：［Huang］Di："What is a balanced qi …?" Qibo："<u>This is ［outlined］ in the classic.</u>"②

吴本：Yellow Emperor said："What is the case of energy in common condition …?" Qibo said："<u>It was recorded in the classics.</u>"③

例1采用积极省略，"在经有也"中的"经"指经书，是指这些情况在经书中已有记载。此篇大概为岁运的提纲，所以此处省略不说，而以后《气交变大论》诸篇详细讨论这个问题，所以说"在经有也"，就无须再加说明。三个译本均采取了省略翻译的方法，未展开描写，符合原文的语义。在形式上，为使译文通畅，三位译者分别增译了 description，outlined，recorded，采取了 there be 句型和被动语态，力求与原文无主句的形式对等。对于"经"的翻译，李本使用 the canons，文本译为 the classic，吴本译为 the classics，三者异曲同工。

**例2** 五日谓之候……<u>候亦同法</u>。(《素问·六节藏象论》)

李本：［The period of］ five days is called one Hou … This is also

---

① Li, Zhaoguo. *Yellow Emperor's Canon of Medicine Plain Conversation* Ⅰ［M］. Xi'an：World Publishing Corporation，2005：121.

② Unschuld, P. U. & Hermann, Tessenow. *An Annotated Translation of Huang Di's Inner Classic—Basic Questions Volume* Ⅰ ［M］. Berkeley and Los Angeles：University of California Press，2011：171.

③ Wu, Liansheng & Wu, Qi. *Yellow Emperor's Canon of Internal Medicine*［M］. Beijing：China Science & Technology Press，1997：59 – 60.

true of the division of the seasons and the solar terms in a year that continue endlessly. ①

文本：[A duration of] five days is named *hou* ... The *hou* [terms of five days] follow the same law, too. ②

吴本：There are five days for a pentad and three pentads make a solar term ... and the way of division is the same with that in a year. ③

例 2 亦采用积极省略，"候亦同法"指节气中再分候，指出五日一候的推移，也遵循同样方法。因上文已经详细推演一遍，此处不必赘述，故省略了具体的过程。三个译本使用 also, too, the same 将原文中"同法"相应译出，比较准确。

**例 3** 秋取诸合，余如春法。(《灵枢·本输》)

李本：In autumn, [needles should be inserted into] the He-Sea [Acupoints] and the other methods are the same with that used in spring. ④

文本：In autumn one selects [for treatment] all the confluence [openings]. In addition the same [measures] apply as in spring. ⑤

吴本：In autumn, it should prick the He points of the twelve channels, other things in pricking should like that in spring. ⑥

例 3 为积极省略，"余如春法"指其余如同春天的针刺方法一样。上文已经详细论述了方法，即"春取络脉诸荥大经分肉之间，甚者深取之，间者浅取之"。为避免重复，经文做了省略。三个译本使用 the same, like 等词将原文中"如"相应译出，比较准确。

---

① Li, Zhaoguo. *Yellow Emperor's Canon of Medicine Plain Conversation I* [M]. Xi'an: World Publishing Corporation, 2005: 119.

② Unschuld, P. U. & Hermann, Tessenow. *An Annotated Translation of Huang Di's Inner Classic—Basic Questions Volume I* [M]. Berkeley and Los Angeles: University of California Press, 2011: 169 - 170.

③ Wu, Liansheng & Wu, Qi. *Yellow Emperor's Canon of Internal Medicine* [M]. Beijing: China Science & Technology Press, 1997: 59.

④ Li, Zhaoguo. *Yellow Emperor's Canon of Medicine Spiritual Pivot I* [M]. Xi'an: World Publishing Corporation, 2008: 47.

⑤ Unschuld, P. U. *Huang Di Nei Jing Ling Shu: The Ancient Classic on Needle Therapy* [M]. Berkeley and Los Angeles: University of California Press, 2016: 73.

⑥ Wu, Liansheng & Wu, Qi. *Yellow Emperor's Canon of Internal Medicine* [M]. Beijing: China Science & Technology Press, 1997: 508.

## (二) 消极省略的翻译

**例 1**  故天之邪气,感则害<u>人五脏</u>;水谷之寒热,感则害<u>于六腑</u>;地之湿气,感则害<u>皮肉筋脉</u>。(《素问·阴阳应象大论》)

李本:So attacked by Xieqi (Evil-Qi) from the heavens, the Five Zang-Organs <u>will be damaged</u>; attacked by cold and heat [factors] from water and grain (foods), the Six Fu-Organs <u>will be damaged</u>.①

文本:The fact is, if <u>man is affected</u> by the evil qi of heaven, then <u>this harms</u> his five depots. If <u>one is affected</u> by the cold or heat of water and grains, then <u>this harms</u> the six palaces. If <u>one is affected</u> by the dampness qi of the earth, then <u>this harms</u> the skin, the flesh, the sinews, and the vessels.②

吴本:Therefore, the evil energy from heaven often invades the <u>human body</u> from the exterior first, and then to the interior, shallowly first, then to the depth, and finally to the five solid organs. When the food or drink of improper temperature is taken into the stomach, it may <u>cause disease</u> of stomach and intestine, so the food can <u>hurt</u> the six hollow organs. The wet-evil retained in the body after invasion will make the Wei-energy and Ying-energy fail to operate properly and will <u>damage</u> the skin, muscle, tendon and channel.③

例 1 为消极省略。首先,"六脏"与"皮肉筋脉"前皆蒙上省略了定语"人";其次,第一个"害"字后探下省略了介词"于",第三个"害"字后蒙上省略了介词"于"。对于"人"的省略,李本使用被动句将"感则害(人)于六脏"译为 So attacked … the Six Fu-Organs will be damaged,主语变为 the Six Fu-Organs,需要指出的是,未见李

---

① Li, Zhaoguo. *Yellow Emperor's Canon of Medicine Plain Conversation I* [M]. Xi'an: World Publishing Corporation, 2005: 77.

② Unschuld, P. U. & Hermann, Tessenow. *An Annotated Translation of Huang Di's Inner Classic—Basic Questions Volume I* [M]. Berkeley and Los Angeles: University of California Press, 2011: 120.

③ Wu, Liansheng & Wu, Qi. *Yellow Emperor's Canon of Internal Medicine* [M]. Beijing: China Science & Technology Press, 1997: 42.

本对此句最后一个分句的翻译。文本译为 If one ... then this harms the six palaces,文本用 one 译出了原文省略的主语,使得译文逻辑更加衔接。吴本译为 When the food or drink ... so the food can hurt the six hollow organs,也省略了主语"人"的翻译,但译文前面提到了 human body,语义通顺。笔者认为,此处的主语省略是因首句已经提到人,在译文中应有所体现,以使文章逻辑更通顺,方便读者理解。此句文本的译法更加准确。对于"于"的两次省略,三个译本均采取了省略翻译,原因是"于"无实际意义,仅表示受事。李本采取被动语态,文本和吴本使用及物动词的主动语态,在译文中也体现了受事。

**例 2** 臣虽不敏,请陈其道,令终不灭,久而不易。(《素问·六元正纪大论》)

李本:Though I am not capable enough, please allow me to explain it. [So that it] may last forever without any change. ①

文本:Although [I, your] subject, am not intelligent, [I] request to expound this Way, so that it will never vanish, and for a long time to come it will not undergo any change. ②

吴本:Although I am not talented, yet I like to illustrate its principle to you, so that it may be last long without changing. ③

例 2 为消极省略。"久而不易"指能长期流传而不被更改,蒙上省略了谓语"令"。李本和吴本均采取合译法,将"不灭"和"不易"合译,使用 so that 从句表示结果,将"令"翻译出来。文本使用并列连词 and,将两句连接,so that 表达因果关系,但译文略有拖沓。李本句式更加简洁、工整,语义表述也更准确。

笔者认为,省略修辞的翻译应保留精髓、摒弃冗赘,即在翻译

---

① Li, Zhaoguo. *Yellow Emperor's Canon of Medicine Plain Conversation III* [M]. Xi'an: World Publishing Corporation, 2005: 883.

② Unschuld, P. U. & Hermann, Tessenow. *An Annotated Translation of Huang Di's Inner Classic—Basic Questions Volume II* [M]. Berkeley and Los Angeles: University of California Press, 2011: 359-360.

③ Wu, Liansheng & Wu, Qi. *Yellow Emperor's Canon of Internal Medicine* [M]. Beijing: China Science & Technology Press, 1997: 374.

中重点保留核心概念和情感表达,避免重复叙述引起的累赘。同时,要传承中医古籍言简意赅的语言特征,力求表达精炼、简洁,在翻译过程中应确保对原文的深刻理解。根据目标语言的表达习惯和修辞特点,选择适当的省略手法,使译文既传达准确的意义,又保持古籍的独特风貌。

### 五、省略翻译对文化传播的启示

省略修辞避免了重复叙述造成的累赘,体现了中医古籍言简意赅的语言特征,正确理解省略修辞是准确诠释中医理论的前提。通过分析发现,积极省略常用"也""皆""同""如"等文字表述,起到避免重复、保持简洁的效果。译文中常用 also, too, the same 和 like 直译原文,遵循原文省略的方式进行翻译。因典籍多以古汉语行文,文体正式,在翻译表达积极省略的词汇时,应注意文体的对应,比如使用 the same 会比 like 更加贴近原文。消极省略常常省略主语、谓语、状语、连词、介词等,译者常采取语态的转换、增译、合译、省略等方法,以确保在译文中准确传递医理,再现古文言简意赅的特点。

## 第二节 警 策

警策是语简言奇而含义精切动人的修辞手法,具有言简意赅、渲染气氛的特点,常引发读者对其内涵的深层次思考。《黄帝内经》中有诸多事医箴言采用了警策的修辞手法,蕴含深意。

### 一、警策的概念

"警策"一词常见于中国古代诗学文献中,本义是"以鞭策马",如三国魏曹植的《应诏诗》曰:"仆夫警策,平路是由。"① 魏晋

---

① 张在杰. 论杜甫和韩愈诗歌的"警策"[D]. 桂林:广西师范大学,2008.

时期的文学家陆机在其《文赋》言"立片言而居要,乃一篇之警策",指出警策为一篇中的"片言",也就是通俗意义上的警句。自此警策进入文学批评领域,开始受到评论家的关注。经过历代作者、评论家的沿用和发展,警策的内涵愈加丰富。梳理警策在文学评论中的应用发现,警策大致包括三种含义:一是格言警句,即陆机所说的"片言",《汉语大词典》将警策定义为"精炼扼要而含义深切动人的文句"。二是指全篇,南朝梁钟嵘在《诗品·序》中提及:"独观谓为警策,众睹终沦平钝。"① 他认为"警策"与"平钝"对举,说明警策即不"平庸迟钝",他称赞"陈思赠弟,仲宣《七哀》,公干《思友》"等 22 位魏晋诗人的代表作"皆五言之警策者也",可见他所谓的警策不是警句,而是指整首诗。② 三是修辞格,陈望道《修辞学发凡》释警策是语简言奇而含义精切动人的修辞手法③,或将简单明了之事简练展现,或在表面无关表达中阐释深意,或用看似矛盾话语阐释真理。概言之,警策是一种语言精炼、简洁、语简意丰、蕴含哲理的修辞格,往往有语出惊人的效果。

## 二、警策的分类

陈望道将警策辞格细分为三类:第一类是将自明的事理极简练地表现出来,使人感到一种格言味,如鲁迅译《日本现代小说集·与幼小者》所谓事实是事实;第二类是将表面上两两无关的事物捏成一句,初看似不可解,其实含有真理,如《史记·白起王翦传赞》所谓"尺有所短,寸有所长";第三类是话面矛盾反常而意思还是连贯通顺,可以称为"奇说""妙语"(paradox)的一种警策辞,这是警策辞中最为奇特而又最为精彩的一种形式,如韩愈《原道》所谓"不塞不流,不止不行"。④ 鉴于警策言简意赅、发人深省,句间常用看似矛盾的语义,为便于研究,笔者将警策分为格言类和矛盾类两种。

---

① 钟嵘. 诗品[M]. 张连第笺释. 哈尔滨:北方文艺出版社,2000:21.
② 钟嵘. 诗品[M]. 张连第笺释. 哈尔滨:北方文艺出版社,2000:34.
③ 陈望道. 修辞学发凡[M]. 上海:复旦大学出版社,2008:151.
④ 陈望道. 修辞学发凡[M]. 上海:复旦大学出版社,2008:151.

## 三、《黄帝内经》与警策

### (一) 格言类

《黄帝内经》有许多事医箴言,如要求医者"上知天文,下知地理,中知人事",用针之人须了解五运六气变化以及人体阴阳盛衰虚实,否则"不可以为工良医";诊断前要"入国问俗,入家问讳,上堂问礼,临病人问所便",诊病时要"察色按脉,先别阴阳";告诫医者"拘于鬼神者,不可与言至德,恶于针石者,不可与言至巧。病不许治者,病必不治,治之无功矣"。① 格言类的警策辞主要涉及事医箴言、养生延年、诊断治疗和生理病理等领域。

**例1** <u>别于阳者,知病从来;别于阴者,知死生之期</u>。(《素问·玉机真脏论》)

例1为事医箴言,告诉医者辨别病之阴阳的重要性:能辨别三阴的,便知其病之从来;能辨别三阳的,可知病的死生之期日。经文语言简洁,说明辨别阴阳的重要性。

**例2** <u>智者察同,愚者察异,愚者不足,智者有余</u>,有余则耳目聪明,身体轻强,老者复壮,壮者益治。(《素问·阴阳应象大论》)

养生延年是中医学的重要内容和归宿点,经文使用警策格言告诫人们养生之法。懂得养生之道的人能够保养其共有的健康本能,不懂得养生之道的人只知道强弱的差异。

**例3** 阴阳者,天地之道也……神明之府也,<u>治病必求于本</u>。(《素问·阴阳应象大论》)

凡治病必求得病情变化的根本,短短六字直指治病的根本,是典型的格言警句,告诫医者在错综复杂的临床表现中要探求疾病的根本原因,以求治本之法,这是几千年来中医临床辨证论治一直遵循着的基本准则。

---

① 李成华. 中医藏象术语的隐喻认知及英译研究[M]. 苏州:苏州大学出版社, 2020:41.

**例 4** <u>不相染者,正气内存,邪不可干</u>,避其毒气,天牝从来,复得其往,气出于脑,即不邪干。(《素问·刺法论》)

中医认为,正邪相争的结果决定着发病与否,正气旺盛,气血充盈,卫外功能固密,则病邪难入,病无以发生,这告诫人们要想不得病,必须强身健体。经文语言生动凝练,寓繁于简,发人深省。

### (二)矛盾类

《黄帝内经》中的警策语言常使用词义对立词语体现事物的两面性,如"阴阳""内外""正邪""寒热"等。通过将互有联系的反义词同现来照应和衔接,使思想内容的表达可以鲜明地从比照中表现出来,进而使读者体验到表面矛盾事物中的对立统一。矛盾类的警策辞主要涉及诊断治疗等方面。

**例 1** <u>热因寒用,寒因热用,塞因塞用,通因通用</u>,必伏其所主,而先其所因……可使气和,可使必已。(《素问·至真要大论》)

例 1 是四种反治的原则。马莳注:"热以治寒而佐以寒药,乃热因寒用也。寒以治热而佐以热药,乃寒因热用也。"临床上,某些严重疾病出现假象,病的本质是热,却反有寒象,则须在寒凉药中用热药反佐,即"热因寒用"。病的本质是寒,却反有热象,则须用热药而反佐以寒药,即"寒因热用"。"塞因塞用,通因通用"用于治疗某些严重病症。如脾虚之甚而出现胀满饮食不下的假实现象,须用补法,这就是塞因塞用的例子。因积滞之甚而下痢不止,虽利不爽,须用通剂下之,这就是通因通用的例子。作者用四对反义词解释了反治的原则,阐释了事物的矛盾统一。

**例 2** 其慓悍者,按而收之;其实者,散而泻之。<u>审其阴阳,以别柔刚,阳病治阴,阴病治阳</u>,定其血气,各守其乡,血实宜决之,气虚宜导引之。(《素问·阴阳应象大论》)

例 2 指出,观察病在阴在阳,以辨别其柔刚,阳病当治其阴,阴病当治其阳。如确定病邪在气在血,防止血气互伤,血实宜用泻法,气虚宜用掣引法。"阴阳""柔刚"皆体现了矛盾的警策语。

### (三)警策的作用

警策辞讲求语言的新奇巧妙,耐人寻味。其语言生动凝练,寓繁于简,能够达到言简意赅、渲染气氛的效果。用具体的事物比拟抽象的道理,以事寓理,形象具体,易于产生联想。悖反递进关系,引起形式上的矛盾,进而引发读者对其内涵的深层次思考。警策修辞不仅为医者提供了至理箴言,也为由已知论未知、理解人体复杂的生理、病理规律提供了思路。

## 四、《黄帝内经》警策翻译的对比研究

### (一) 格言类的翻译

**例1** 故曰知其可取如发机,不知其取如扣椎,故曰<u>知机道者不可挂以发,不知机者扣之不发</u>,此之谓也。(《素问·离合真邪论》)

李本:That is why it is said that [those who] know [when to use reducing techniques] never lose any chance while [those who] do not know [when to use reducing techniques] never take any chance. The reason is just like that.①

文本:Hence, [when] it is said: "<u>those who know the Way of the trigger, they cannot even tie it to a hair; those who do not know the trigger, they may ram it and it will not be released,</u>" [then] this means just the same.②

吴本:Therefore, <u>to those who know the essentials, the effect is prompt as in the twinkling of an eye, while to those who know not the essentials can not start up even when the trigger is touched.</u>③

例1指出治病识别机宜的重要性:若识得机宜,丝毫不能迟

---

① Li, Zhaoguo. *Yellow Emperor's Canon of Medicine Plain Conversation I* [M]. Xi'an: World Publishing Corporation, 2005:363.

② Unschuld, P. U. & Hermann, Tessenow. *An Annotated Translation of Huang Di's Inner Classic—Basic Questions Volume I* [M]. Berkeley and Los Angeles: University of California Press, 2011:455.

③ Wu, Liansheng & Wu, Qi. *Yellow Emperor's Canon of Internal Medicine* [M]. Beijing: China Science & Technology Press, 1997:146.

疑,否则就不能得其神机,得不到及时治疗。经文通过对箭与弓弦之间"不可挂以发""叩之不发"关系的描述,形象解说了针与经脉之间的关系。"不可"等警示性词语指出重要性,意思相对,句式整齐。李本句式整齐,语言凝练,take chance 和 lose chance 是对"发"与"不发"的解释,形式和语义对等,翻译较为巧妙,两次使用 never,具有警示性。文本未将箭与弓弦之间"不可挂以发""叩之不发"的关系和针与经脉之间的关系具体体现出来,而文译本使用 trigger 一词将之体现,tie to a hair 是误译,"发"为动词而非"头发"。吴译本语义翻译较为准确,但是语言不够规范。

**例 2** 至数之机,迫迮以微,其来可见,其往可追,敬之者昌,慢之者亡,无道行私,必得天殃,谨奉天道,请言真要。(《素问·天元纪大论》)

李本:The mechanism of Emotion and Qi is practical and profound. It is sensible when coming and traceable when receding. Abidance by it ensures prosperity while violation of it causes death. To violate it and to go one's own way will inevitably lead to disaster. [1]

文本:The mechanism of the perfect numbers is at hand and yet subtle. That which arrives, it can be seen. That which leaves, it can be pursued. Those who respect them, they prosper. Those who treat them with contempt, they perish. Not to follow the Way but to pursue one's personal ends, this must result in the calamity of early death. [2]

吴本:The law of the five elements motion and the six kinds of weather combination is rather subtle, yet its future can be inspected and its past can be traced. When one pays good attention to the law of change, he can avoid diseases; when one neglects it, he will contract diseases or even die. When one violates the natural law and behaves in

---

[1] Li, Zhaoguo. *Yellow Emperor's Canon of Medicine Plain Conversation II* [M]. Xi'an: World Publishing Corporation, 2005:739.

[2] Unschuld, P. U. & Hermann, Tessenow. *An Annotated Translation of Huang Di's Inner Classic—Basic Questions Volume I* [M]. Berkeley and Los Angeles: University of California Press, 2011:186.

his own way, disaster will occur. So, one must be careful in adapting the natural law of the element's motion and the six kinds of weather. Now, let me tell you the true essential.①

例 2 说明五运六气相合的定数有一定规律,其变化可以通过自然现象被发现。观察自然现象可以求知运气的变化,重视这种学说的人可以保持健康,忽视则会身受灾害,甚至死亡,违背自然规律,必然会受到自然的灾害。经文用到"亡""殃"等警示性词语,简短整齐,通过对比起到警醒的作用。李本和文本均句式整齐,语义准确,文本的语言更加凝练,并使用谚语的构句法,更加具有警示意味。吴本语义翻译准确,语言较通俗。

## (二) 矛盾类翻译

**例** 不尽,行复如法,必先岁气,无伐天和,<u>无盛盛,无虚虚</u>,而遗人夭殃,无致邪,无失正,绝人长命。(《素问·五常政大论》)

李本:[If Xie (Evil) is] not fully eliminated … <u>avoiding violation of natural harmony and [the practice of making] predominance more predominant and deficiency more deficient</u> …②

文本:If [the cure] is incomplete … <u>Do not make the abundant [even more] abundant, do not deplete what is depleted</u> … ③

吴本:If some of the evil energy is still remaining … <u>avoid to attack the harmonized primordial energy, nor to cause the sthenic energy becoming even more sthenic and the asthenic energy becoming even more asthenic</u> … ④

本例强调避免实证用补,使之重实,避免虚证误下,使其重虚,

---

① Wu, Liansheng & Wu, Qi. *Yellow Emperor's Canon of Internal Medicine* [M]. Beijing: China Science & Technology Press, 1997: 313.

② Li, Zhaoguo. *Yellow Emperor's Canon of Medicine Plain Conversation II* [M]. Xi'an: World Publishing Corporation, 2005: 877.

③ Unschuld, P. U. & Hermann, Tessenow. *An Annotated Translation of Huang Di's Inner Classic—Basic Questions Volume I* [M]. Berkeley and Los Angeles: University of California Press, 2011: 354.

④ Wu, Liansheng & Wu, Qi. *Yellow Emperor's Canon of Internal Medicine* [M]. Beijing: China Science & Technology Press, 1997: 372 - 373.

造成"盛盛""虚虚"的错误,而使人丧失生命。不要误补而使邪气更盛,不要误泻丧其正气,而使人死亡。"无盛盛,无虚虚"体现了矛盾的概念。三个译本都将"盛盛""虚虚"的概念准确译出:李本侧重力量的强弱,译为 predominance, deficiency;文本侧重数量的多少,译为 abundant, deplete;吴本侧重精力的旺盛,译为 sthenic, asthenic。笔者认为,盛虚的本义是多少的概念,进而会带来力量的悬殊。在句式上,李本更加简洁,更有警示性。综合三位译者的长处,笔者试译为 Do not make the abundant more abundant, the deficient more deficient。

## 五、警策翻译对文化传播的启示

警策修辞不仅为医者提供了至理箴言,也为理解人体复杂的生理、病理规律提供了思路。翻译格言警句类的警策辞时,首先确保语义准确,其次要用词简洁、语句凝练,在形式和语义上接近原文表达。翻译比拟类的警策时,应尽可能翻译出原文的修辞,方便读者理解,句式宜简不宜繁。翻译带有矛盾类的警示辞时,将矛盾的双方及其关系阐释清楚,尽可能使用相反意思的词,加入警示类如 avoid, not 等具有否定意味的词以提高警示的意味,既能准确表达经文原意,又能传递侍医箴言的文化内涵。

## 第三节 互 文

互文,也称互言、互辞等,是参互见义的修辞方法,主要有连类互文和对反互文两种常见形式。《黄帝内经》中存在大量的互文修辞,具有隐蔽性、多义性、独特性和民族性的特点。林亿在《新校正》中云:"古文简略,辞多互文。"[1]

---

[1] 凌耀星.《黄帝内经》中的互文[J]. 中医药文化,1986(1):10-11.

## 一、互文的概念

互文在中国最早是训诂学上的术语,其理论的核心为"参互成文,合而见义"①。东汉经学大师郑玄在《毛诗笺》中对"互文"的称呼有互辞、互文、互言、互其文等。唐代贾公彦在《仪礼注疏》中云:"凡言'互文'者,是二物各举一边而省文,故云'互文'。"②清人俞樾在《古书疑义举例五种》中亦云:"古人之文,有参互见义者。"明末清初顾炎武在《日知录》卷二十四"互辞"条下说:"《易》(《蛊》)'干父之蛊,有子考无咎',言'父'又言'考'。《书》(《钟虺之诰》)'予恐来世,以台为口实',言'予'又言'台'……皆互辞也。"随着西方修辞学的引入,训诂学意义上的"互文"又进一步被理解为一个辞格,现代陈望道将互文修辞归于错综修辞的第一类——抽词换面,指将词面略为抽动使得说话前后不同。③ 班兆贤认为互文是一种特殊的汉语语言结构,因句子字数、语法等限制,一个完整的语言意义被分离并分成两个句子,从而使两个共现词一个出现一个省略,形成了结构上的互省和语义上的互补。④ 互文修辞常见于中国诗歌中,如唐朝诗人杜牧《泊秦淮》首句"烟笼寒水月笼沙",此句不是指烟笼着寒水、月笼着沙,而是烟笼着寒水和沙、月笼着寒水和沙。再如王昌龄的《出塞》首句"秦时明月汉时关",意思是秦时的明月和关、汉时的明月和关。综上所述,互文是一种结构上看似独立而语义上互相包含的修辞格。

## 二、互文的分类

胡范铸从句子结构和语义补充两方面对互文进行了分类,认为从句子结构上可分为短语互文、当句互文、对句互文、鼎句互文、

---

① 甘莅豪. 中西互文概念的理论渊源与整合[J]. 修辞学习,2006(5):19-23.
② 班兆贤.《黄帝内经》修辞研究[M]. 北京:中医古籍出版社,2009:267.
③ 陈望道. 修辞学发凡[M]. 上海:复旦大学出版社,2008:166.
④ 班兆贤.《黄帝内经》修辞研究[M]. 北京:中医古籍出版社,2009:267.

多句互文。从语义补充角度来看,互文有六种补充关系,即:A 等于 B,B 等于 A;A 句等于 A+B,B 句也等于 A+B;A 不等于 A 却应解作 B,B 不等于 B 却应解作 A;A 等于 A+B,B 句却只等于 B;A 等于 A+与 B 相关者,B 等于 B+与 A 相关者;A 等于 A+对 B 的否定,B 等于 B+对 A 的否定。① 段逸山将互文分为正言互备和反言互备两类,前者为上下文各举一语,而上文同时具备下文一语的意思,下文同时具备上文一语的意思;后者为上下文各举一语,而上文同时具备下文一语的相反之意,下文同时具备上文一语的相反之意。② 班兆贤提出类似的分类方法,认为互文有两种常见的形式,即连类互文和对反互文。连类互文即同类相连而构成的互文,如白居易《琵琶行》中主人下马客在船,"下马"与"在船"连类互文,意思是主人下了马来到船上,客人也下了马来到船上;对反互文为各举一事而对以相反,如春秋末期史学家左丘明在《左传·宣公十四年》中提到"申舟以孟诸之役恶宋,曰:郑昭宋聋,晋使不害,我则必逝世"属对反互文。唐代孔颖达在《正义》中注:"(郑昭)言其目明,则宋不明也;(宋聋)言其耳暗,则郑不暗也,线人各举一事而对以相反。"③ 为便于讨论,本书亦将互文分为连类互文与对反互文。

## 三、《黄帝内经》与互文

### (一)连类互文

**例1** 五脏有俞,六腑有合,循脉之分,各有所发,各随其过,则病瘳也。(《素问·痹论》)

**例2** 治脏者治其俞,治腑者治其合,浮肿者治其经。(《素问·咳论》)

---

① 胡范铸.钱钟书学术思想研究[M].上海:华东师范大学出版社,1993:268-269.
② 段逸山.中医文言修辞[M].上海:上海中医学院出版社,1987:122-123.
③ 班兆贤.《黄帝内经》修辞研究[M].北京:中医古籍出版社,2009:267.

**例3** ……寒气入经而稽迟，泣而不行，<u>客于脉外则血少</u>，<u>客于脉中则气不通</u>，故卒然而痛。(《素问·举痛论》)

例1中"五脏有俞，六腑有合"属于连类互文，根据上文"五脏皆有合"和"六腑亦各有俞"，可知五脏六腑皆有俞有合。例2中"治脏者治其俞，治府者治其合"亦为连类互文，由上文"五脏之久病，乃移于府"可知脏腑之咳为同源。既然治脏咳治其俞，治腑咳亦可治俞；反之，既然治腑咳治其合，治脏咳亦可治合。例3上句言血少当包括气少，下句言气不通，应包括血不通，故为连类互文。

## (二) 对反互文

**例1** 因于湿，首如裹，湿热不攘，<u>大筋软短，小筋弛长</u>。软短为拘，弛长为痿。(《素问·生气通天论》)

**例2** 人有虚实，<u>五虚勿近，五实勿远</u>，至其当发，间不容瞚。(《素问·宝命全形论》)

**例3** 子别试通五脏之过，六腑之所不和，<u>针石之败，毒药所宜</u>，汤液滋味，具言其状，悉言以对，请问不知。(《素问·示从容论》)

例1中"大筋软短，小筋弛长"为对反互文，即为大筋小筋或软短或弛长。例2中"五虚勿近，五实勿远"亦为对反互文，其意为五虚勿近、勿远，五实勿近、勿远。例3中"针石之败，毒药所宜"为对反互文，其意为针石之败与所宜、毒药之败与所宜。

## (三) 互文的作用

首先，互文使句式整齐、精炼，产生韵律美，又能起到语言经济、以少胜多、耐人寻味的艺术效果。[①] 互文的使用可以丰富文本内涵、提供文化共鸣。其次，医学典籍中使用互文能辅助读者理解，中医古籍经常引用古典文献、历史典故、诗词等，这些引用构成了中医古籍的互文关系。通过理解互文，译者可以更好地理解原

---

[①] 杜福荣，张斌.《内经》辞格的英译研究——互文与举隅[J]. 中西医结合学报，2010，8 (12): 1207-1209.

文中的含义和文化背景,有助于准确传达作者的意图。最后,运用互文修辞可以增加作品的艺术价值,凸显作品的思想深度和艺术水平。

## 四、《黄帝内经》互文翻译的对比研究

### (一) 连类互文的翻译

**例1** 是以切阴不得阳,诊消亡,得阳不得阴,守学不湛。(《素问·方盛衰论》)

李本:[If one] knows Yin but does not understand Yang, [his diagnostic method] can never be recognized by others. [If one] knows Yang but does not understand Yin, [his] knowledge is certainly limited.①

文本:Therefore, if squeezing [the vessels, one only gets] a yin [movement], but does not get a yang [movement], the diagnosis is futile. If one gets a yang [movement], but does not get a yin [movement], the teaching one clings to is not profound.②

吴本:When a physician knows only the Yin but not knowing the Yang, he is not capable in diagnosing, when he knows only Yang but not knowing the Yin, the medical knowledge he learned is not profound.③

例1意为"切阴不得阳,得阳不得阴,皆守学不湛,诊消亡",属连类互文。三个译本在翻译时均未意识到原句采用的修辞格,而是按照表层结构进行翻译,导致原文隐含的意义无法传递,造成语义缺省。此句翻译时需合并语义,即"切阴不得阳,得阳不得阴"

---

① Li, Zhaoguo. *Yellow Emperor's Canon of Medicine Plain Conversation III* [M]. Xi'an: World Publishing Corporation, 2005:1283.

② Unschuld, P. U. & Hermann, Tessenow. *An Annotated Translation of Huang Di's Inner Classic—Basic Questions Volume II* [M]. Berkeley and Los Angeles: University of California Press, 2011:714.

③ Wu, Liansheng & Wu, Qi. *Yellow Emperor's Canon of Internal Medicine* [M]. Beijing: China Science & Technology Press, 1997:483.

都属于"守学不湛,诊消亡"。笔者尝试将本句译为 Whether one knows Yin but does not understand Yang, or knows Yang but does not understand Yin, he is not capable in diagnosis and his knowledge is not profound。

**例 2** 别于阳者,知病处也;别于阴者,知死生之期。(《素问·阴阳别论》)

李本:That is why it is said that [the ability] to differentiate Yang [enables one] to know how the diseases are caused and [the ability] to differentiate Yin [enables one] to make accurate prognosis.①

文本:Hence, when it is said: "By differentiating at the yang, one knows where the disease comes from. By differentiating at the yin, one knows the time of death and survival", this is to say: one knows that he will die once it reaches that [depot] where it meets distress.②

吴本:Thus, when one can distinguish the superficial lesion, he can know in which channel the disease locates. When one can distinguish the interior-syndrome, he can know the critical day of the disease, that is, when the viscera being distressed by the evils, it is the date of the patient's death.③

例 2 意为"别于阴阳者,知病从来,知死生之期",属连类互文。三个译本均忽略了互文的修辞格,造成语义缺省。笔者尝试将本句译为 That is why it is said that the ability to differentiate Yin and Yang enables one to know how the diseases are caused and how to make accurate prognosis.

综上所述,连类互文的翻译需要进行语义的合并,可采用"概

---

① Li, Zhaoguo. *Yellow Emperor's Canon of Medicine Plain Conversation I* [M]. Xi'an: World Publishing Corporation, 2005: 251.

② Unschuld, P. U. & Hermann, Tessenow. *An Annotated Translation of Huang Di's Inner Classic—Basic Questions Volume I* [M]. Berkeley and Los Angeles: University of California Press, 2011: 336 - 337.

③ Wu, Liansheng & Wu, Qi. *Yellow Emperor's Canon of Internal Medicine* [M]. Beijing: China Science & Technology Press, 1997: 106.

括整合"的方式,即先补充上下文中互相省略的词语,再对语义进行概括整合,省略多余信息,以使得译文简洁凝练,保持原文言简意赅的行文风格。

### (二) 对反互文的翻译

**例1** 实而滑则生,实而逆则死。(《素问·通评虚实论》)

李本:[Those whose pulse] is Shi and slippery are curable [while those whose pulse] is Shi and reverse are incurable.①

文本:If [the vessels] are replete and smooth, then [the patient] survives; if they are replete and if [the movement in the vessel] is contrary [to its regular course], then [he] will die.②

吴本:When the pulse condition is sthenic and slippery, it shows the patient will survive, when the pulse condition is sthenic, adverse and choppy, it shows the patient will die.③

例1 意为"实而滑则从,则生;实而涩则逆,则死"。上文言"滑",则知下文含有"涩"意;下文言"逆",则知上文含有"从"意,属对反互文。三个译本均按照原文的语序翻译,并未关注互文修辞,未能译出省略的部分,容易使人望文生义。笔者尝试将本句译为 Forceful and slippery pulse pertains to favorable symptom that can be cured while forceful and unsmooth pulse to adverse symptom that cannot be cured.

**例2** 气滑即出疾,其气涩则出迟……(《灵枢·根结》)

李本:[The general rule is that to treat those whose] Qi is swift, [the needle should be] withdrawn quickly; [to treat those whose] Qi

---

① Li, Zhaoguo. *Yellow Emperor's Canon of Medicine Plain Conversation I* [M]. Xi'an: World Publishing Corporation, 2005: 375.

② Unschuld, P. U. & Hermann, Tessenow. *An Annotated Translation of Huang Di's Inner Classic—Basic Questions Volume I* [M]. Berkeley and Los Angeles: University of California Press, 2011: 465 – 466.

③ Wu, Liansheng & Wu, Qi. *Yellow Emperor's Canon of Internal Medicine*[M]. Beijing: China Science & Technology Press, 1997: 149.

is unsmooth, [the needle should be] withdrawn slowly ... ①

文本：<u>If the [flow of] qi is smooth, [the needle] is to be removed quickly. If the [flow of] qi is rough, [the needle] is to be removed slowly ...</u> ②

吴本：<u>To the patient who has a slippery energy, the pulling of needle should be swift; to the patient who has a choppy energy, the pulling of needle should be slow ...</u> ③

例2意为"气滑则出疾，而不可出迟；气涩则出迟，而不可出疾"，属对反互文。三个译本均按照表层结构进行翻译，未翻译出相反的情况。笔者以为此处"则出疾"蕴含了"不可出迟"，故此处若按照对反互文悉数翻译，不免有冗余之嫌。从语言的准确度、句式整齐度来看，李译本更加贴切原文。为体现对反互文又不造成句子冗余，笔者建议在句末加 Not the other way around。

综上所述，对反互文的翻译有以下两个办法：一是根据"增补法"，给原文分别增加上下文中对以相反的词语，尤其是对造成原文意思不全的词汇必须增补；二是对于不影响语义的对反互文，可以酌情增补甚至省略互文修辞。

## 五、互文翻译对文化传播的启示

中国传统文化语言精炼、遥相呼应、内涵深远，互文修辞的翻译需要译者对原文的语义进行补充还原，是译者探索文化的有效途径，有利于保证医理传递的准确性。点到为止的汉语表达体现了中华民族的含蓄特征，也体现了语言经济性。因此，在翻译互文修辞时，要根据上下文进行适当增补，在保证语义完整的前提下，

---

① Li, Zhaoguo. *Yellow Emperor's Canon of Medicine Spiritual Pivot I* [M]. Xi'an: World Publishing Corporation, 2008: 109.

② Unschuld, P. U. *Huang Di Nei Jing Ling Shu: The Ancient Classic on Needle Therapy* [M]. Berkeley and Los Angeles: University of California Press, 2016: 120.

③ Wu, Liansheng & Wu, Qi. *Yellow Emperor's Canon of Internal Medicine* [M]. Beijing: China Science & Technology Press, 1997: 530.

尽量遵循原文句式，不做过多的赘述。准确理解互文符号是解读中医药典籍的钥匙，译者应首先实现对原文本互文修辞的改写，进而实现对译文互文修辞的语境重构。由于中西文化的差异，必然存在文化空缺，译者要通过各种补偿和调整方法，在目的语中再现原文的语境，使译文与原文达到语言形式和文化内容的最佳关联。

# 第四章 《黄帝内经》的章句修辞与翻译

## 第一节 反　复

反复作为一种常见修辞格,主要用来增加表达的气势,起到强调的作用,或是渲染某种特定的氛围。①《黄帝内经》中有词、词组、单句和复句的反复,既强调了医理,又增强了语势。

### 一、反复的概念

反复,又叫复沓、复迭,是指为了突出某个意思,强调某种感情,特意重复相同的某一语言部分,以增强表达的效果。② 早在甲骨文中,就已经可以发现反复辞格的踪迹,如《粹》905:"南方受禾? 西方受禾? 北方受禾? 癸卯贞,东受禾,西受禾。"③《诗经》中大量应用反复修辞,如《鄘风·相鼠》有"相鼠有皮,人而无仪。人而无仪,不死何为?"进入现当代时期,学者开始系统研究反复。陈望道在《修辞学发凡》中指出,反复是"用同一的语句,一再表现强烈的情思"④。班兆贤指出,反复是用同一语句反复申说,以表现强烈思想情感的一种修辞手法。⑤ 总之,反复是根据表达需要,

---

① 孙会军,郑庆珠. 译,还是不译:文学翻译中的反复现象及处理[J]. 中国翻译,2010(4):46-50.
② 杨琦. 英汉"反复"修辞格对比分析及翻译探究[J]. 教育教学论坛,2017(18):229-230.
③ 蒋远桥. 甲骨文反复辞法简析[J]. 修辞学习,2005(1):62-63.
④ 陈望道. 修辞学发凡[M]. 上海:复旦大学出版社,2008:161.
⑤ 班兆贤.《黄帝内经》修辞研究[M]. 北京:中医古籍出版社,2009:163.

特意重复使用某些词语、句子或者段落,有意让句子或词语重复出现的修辞手法,目的是强调意义,突出情感。

## 二、反复的分类

根据形式的不同,反复可分为连续反复和间隔反复两种。① 连续反复是指接连重复相同的词语或句子,中间没有其他词语间隔。间隔反复是指相同的词语或句子在文中间隔出现,包括词的反复、词组的反复、单句的反复和复句的反复。词语反复就是为凸显某种感情或某种行为,连续两次以上使用同一词语,达到强调的目的;词组或句子反复是指有时为了表达内容或者结构安排的需要,要连续两次以上使用同一个词组或句子。

## 三、《黄帝内经》与反复

### (一) 连续反复

**例1** 小针之要,易陈而难入,粗守形,上守<u>神</u>,<u>神</u>乎,神客在门,未睹其疾,恶知其原。(《灵枢·九针十二原》)

**例2** 刺大分小分,多发针而深之,以热为故。无<u>伤筋骨</u>,<u>伤筋骨</u>,痈发若变。(《素问·长刺节论》)

例1中的"神"指正气,反复使用"神"强调医生必须根据疾病神气的盛衰、邪气的虚实,采用以调神为主的补泻手法。例2中的"伤筋骨"反复使用了两次,指出在深刺肉分穴位时切不可伤及筋骨,若伤筋骨,就会发生痈肿或其他病变。

### (二) 间隔反复

**1. 词的反复**

**例1** 五脉应象:肝<u>脉</u>弦,心<u>脉</u>钩,脾<u>脉</u>代,肺<u>脉</u>毛,肾<u>脉</u>石,是谓五脏之脉。(《素问·宣明五气》)

---

① 陈望道. 修辞学发凡[M]. 上海:复旦大学出版社,2008:161.

**例2** 五走：酸走筋，辛走气，苦走血，咸走骨，甘走肉，是谓五走也。（《灵枢·九针论》）

**例3** 诊龋齿痛，按其阳之来，有过者独热，在左左热，在右右热，在上上热，在下下热。（《灵枢·论疾诊尺》）

例1中的"脉"是反复用法，强调五脏平脉各自的特征。肝脏应春，端直而长，其脉象弦；心脉应夏，来盛去衰，其脉象钩；脾旺于长夏，其脉弱，随长夏而更代；肺脉应秋，轻虚而浮，其脉象毛；肾脉应冬，其脉沉坚象石，此即四时的五脏平脉，为中医脉诊提供参照。例2中的动词"走"是反复用法，说明五味各自的走向。酸属木，肝属木，肝主筋，故酸走肝走筋，以此类推其余各味均符合五行学说，此即五脏五味理论，对指导临床灵活遣药制方有重要意义。例3中的"热"是反复用法，说明发热之处正是龋齿疼痛所在，因此可以通过诊按手足阳明经的来路，判断是否有热邪和热邪的位置，为诊断龋齿提供依据。

2．词组的反复

**例1** 足太阳与少阴为表里，少阳与厥阴为表里，阳明与太阴为表里，是为足阴阳也。手太阳与少阴为表里，少阳与心主为表里，阳明与太阴为表里，是为手之阴阳也。（《素问·血气形志》）

**例2** 肝热病者左颊先赤；心热病者颜先赤；脾热病者鼻先赤；肺热病者右颊先赤；肾热病者颐先赤。（《素问·刺热》）

**例3** 五病所发：阴病发于骨，阳病发于血，阴病发于肉，阳病发于冬，阴病发于夏，是谓五发。（《素问·宣明五气》）

例1中"表里"是反复用法，说明足三阳经和足三阴经、手三阳经和手三阴经之间的表里关系。例2中"热病者""先赤"是反复用法，说明脸上不同部位的变赤对应了热病在五脏的不同部位，医生可按照五脏相生相克关系，从颜面五部的色泽辨别各种邪病的由来或早期诊断哪一脏将要发生热病，对于疾病预防和治疗很有益处。例3中的"病发"是反复用法，解释了"五发"的概念。骨属肾，肾为阴脏，故阴病发生于骨；血属心，心为阳中之阳，故阳病发生于血；肉属脾，脾为阴中之至阴，故阴病发生于肉；冬属阴，冬日阴气盛，阴盛则阳气病，故阳病发生于冬；夏属阳，夏日阳气盛，阳盛则阴病,故阴病发生于夏。"五发"为中医辨别阴阳病症提供了理论依据。

**3. 单句的反复**

**例1** 夫邪之客于形也,必先舍于皮毛,<u>留而不去</u>,入舍于孙脉,<u>留而不去</u>,入舍于络脉,<u>留而不去</u>,入舍于经脉,内连五脏,散于肠胃,阴阳俱感,五脏乃伤。(《素问·缪刺论》)

**例2** 征其脉小色不夺者,<u>新病也</u>;征其脉不夺其色夺者,<u>此久病也</u>;征其脉与五色俱夺者,<u>此久病也</u>;征其脉与五色俱不夺者,<u>新病也</u>。(《素问·脉要精微论》)

例1中"留而不去"是反复用法,说明邪客于形后,逐步向体内传变,外邪可由皮毛、经络次第内传,舍于五脏。若正气虚者,外邪亦可直客胃肠,直入三阴,从理论上阐述了寒邪由表及里的传变。例2中"此久病也"与"新病也"是反复用法,说明通过脉色可区分新病与久病,通过观察病人面部皮肤色泽的变化,可以诊察病情,此即色诊法。脉为血府,脉管是气血运行的通道;色发于脏,面部皮肤的色泽是脏腑气血之外荣,二者均可以反映气血的盛衰和运行情况,色脉合诊据此可以辨别新病和久病。新病,脉与五色俱不夺,或仅脉变而色不夺;久病,脉与五色俱夺,或脉无大变但色已夺。

**4. 复句的反复**

**例1** 气实形实,气虚形虚,<u>此其常也,反此者病</u>。谷盛气盛,谷虚气虚,<u>此其常也,反此者病</u>。脉实血实,脉虚血虚,<u>此其常也,反此者病</u>。(《素问·刺志论》)

**例2** 故骨<u>痹不已,复感于邪,内舍于</u>肾。筋<u>痹不已,复感于邪,内舍于</u>肝。脉<u>痹不已,复感于邪,内舍于</u>心。肌<u>痹不已,复感于邪,内舍于</u>脾。皮<u>痹不已,复感于邪,内舍于</u>肺。所谓痹者,各以其时重感于风寒湿之气也。(《素问·痹论》)

例1中"此其常也,反此者病"是反复用法,强调了人体虚实之要。气充实的,形体就壮实;气不足的,形体就虚弱。这些为中医诊断提供理论依据。例2中"痹不已,复感于邪,内舍于"是反复用法,说明痹证不已,重复感受病邪,内传于五脏。肝主筋、心主脉、脾主肌、肺主皮、肾主骨，脏腑的功能和状态体现在筋脉肌皮骨的表象特征中，痹证日久不愈，再次受到邪气侵入，就会导致痹居脏腑，加重病情。

### （四）反复的作用

反复—反语言应言简意赅的常规，积极地重复某一词语或句子，以表达说话者某种强烈的情感，具有其他修辞格不能企及的语言艺术效果。恰当地运用反复可以突出和强调内容重点，抒发强烈的情感，还能加强文章气势，加强节奏感，以达到强调、推进、深化说话人所要表达的情感、事件和主题的目的。①《黄帝内经》恰当地运用反复，加强了语势，强化了旋律，不仅得以抒发强烈的感情，还增强了中医语言的节奏感，读起来朗朗上口，医理表达明确。

## 四、《黄帝内经》反复翻译的对比研究

### （一）连续反复的翻译

例1　无伤筋骨，伤筋骨，痈发若变。（《素问·长刺节论》）

李本：[ Care should be taken ] not to impair the sinews and bones. Impairment of sinews and bones leads to occurrence of Yong (carbuncle).②

文本：Do not harm the sinews and the bones. When the sinews and the bones are harmed, yong-abscesses develop resembling [pathological] changes.③

吴本：In pricking, it must not hurt the tendon and bone, if the

---

① 张冉. 翻译美学视域下《黄帝内经》三个英译本对比研究[D]. 南京：南京中医药大学，2013.

② Li, Zhaoguo. *Yellow Emperor's Canon of Medicine Plain Conversation II* [M]. Xi'an：World Publishing Corporation，2005：607.

③ Unschuld, P. U. & Hermann, Tessenow. *An Annotated Translation of Huang Di's Inner Classic—Basic Questions Volume II* [M]. Berkeley and Los Angeles：University of California Press, 2011：30.

tendon and bone are hurt, the cold-evil will attack and cause disease.①

例1中"伤筋骨"使用了反复。对于第一个"伤筋骨",三个译本选用了不同的动词翻译"伤",比较而言,李本的用词 impair 更为准确,文本的 harm 和吴本的 hurt 比较模糊,在准确性上稍有欠缺。对于第二个"伤筋骨"的翻译,李本使用名词短语,随后的"痛发若变"也翻译成了名词性短语以求对应,对比原文,其强调之意有所减弱;而文本和吴本则保持了原文的动宾结构,都翻译成被动句,最大限度地保证了译文和原文结构的一致。

**例2** 主不明则十二官危,使道闭塞而不通,形乃大伤……戒之戒之!(《素问·灵兰秘典论》)

李本:[If] the monarch (the heart) is not wise (abnormal in function), all the twelve organs will be in danger and cannot function well, inevitably resulting in severe damage of the body … Be on guard and heighten vigilance!②

文本:If the ruler is not enlightened, then the twelve officials are in danger. This causes the paths to be obstructed and impassable. The physical appearance will suffer severe harm … Beware, beware!③

吴本:… but when the monarch is thick-headed, that is, when the function of the heart is incapable, the mutual relations between the viscera in the body will be damaged, the body will suffer great injury … It is advisable for one to pay attention to it greatly.④

例2中"戒之"使用了反复,强调心的作用应特别引起重视。就"戒之"的翻译比较而言,李本和吴本没有在译文中再现经文的

---

① Wu, Liansheng & Wu, Qi. *Yellow Emperor's Canon of Internal Medicine* [M]. Beijing: China Science & Technology Press, 1997:250.

② Li, Zhaoguo. *Yellow Emperor's Canon of Medicine Plain Conversation I* [M]. Xi'an: World Publishing Corporation, 2005:111.

③ Unschuld, P. U. & Hermann, Tessenow. *An Annotated Translation of Huang Di's Inner Classic—Basic Questions Volume I* [M]. Berkeley and Los Angeles: University of California Press, 2011:159.

④ Wu, Liansheng & Wu, Qi. *Yellow Emperor's Canon of Internal Medicine* [M]. Beijing: China Science & Technology Press, 1997:56.

反复辞格,而是进行了解释说明,呼吁人们对此要警觉重视,但和原句相比较,译文在形式上略显冗余累赘。而文本则再现了反复辞格,重复使用 beware,不仅实现了内容和形式上的对应,而且体现出了原句的迫切呼吁。

### (二) 间隔反复的翻译

**例** 五病所发:阴<u>病发于</u>骨,阳<u>病发于</u>血,阴<u>病发于</u>肉,阳<u>病发于</u>冬,阴<u>病发于</u>夏,是谓五发。(《素问·宣明五气》)

李本:[The following is] the occurrence of the five kinds of diseases: Yin disease <u>occurs in</u> the bones; Yang disease <u>occurs in</u> the blood; Yin disease <u>occurs in</u> the muscles; Yang disease <u>occurs in</u> winter while Yin disease <u>occurs in</u> summer. This is the occurrence of the five kinds of diseases. ①

文本:Where the five diseases break out: Yin diseases <u>break out in</u> the bones. Yang diseases <u>break out in</u> the blood. Yin diseases <u>break out in</u> the flesh. Yang diseases <u>break out in</u> winter. Yin diseases <u>break out in</u> summer. These are the so-called "the five outbreaks". ②

吴本:The disease of kidney <u>stems from</u> the bone marrow; … the disease of heart <u>stems from</u> the blood; … the disease of spleen <u>stems from</u> the muscle; … but its disease <u>stems from</u> winter; … but its disease <u>stems from</u> summer. ③

上例属于间隔反复。句中"病发于"使用了反复修辞,突出强调了"五发"这一概念,说明了五病发生的部位和季节。三个译本均采取直译法翻译"病发于",即分别五次重复使用了 occurs in, break out in 和 stems from。总的来说,三个译本均与经文保持了形

---

① Li, Zhaoguo. *Yellow Emperor's Canon of Medicine Plain Conversation I* [M]. Xi'an: World Publishing Corporation, 2005: 319.

② Unschuld, P. U. & Hermann, Tessenow. *An Annotated Translation of Huang Di's Inner Classic—Basic Questions Volume I* [M]. Berkeley and Los Angeles: University of California Press, 2011: 407.

③ Wu, Liansheng & Wu, Qi. *Yellow Emperor's Canon of Internal Medicine* [M]. Beijing: China Science & Technology Press, 1997: 129 – 130.

式和内容上的一致。但比较而言,李本和文本篇幅较短,简洁易懂,吴本过长,看似累赘冗余。究其原因,吴本对于"五发"给予了过多的解释说明,笔者认为,可以考虑将解释说明转为注释,置于译文之后,以便精简。

汉语中经常反复运用同一词语以达到增强语势、突出重点的效果,而英语用词灵活多变,常常选用意义相近或相似的词语来代替重复的内容。对反复修辞的翻译,笔者认为应以直译为主,忠实准确地在译文中再现反复辞格,首先保证内容上的一致,其次尽量实现形式上的一致,同时注意译文的简练,利用注释法,避免产生累赘冗余之感。

### 五、反复翻译对文化传播的启示

汉英语言在反复辞格上有所差异。反复,尤其是连续反复,在英语表达中较为少见。译者应具体分析汉英反复的异同,在做到尽量对等的前提下,遵循一定的原则,采取恰当的策略,以期在译文中实现相同的修辞效果。① 翻译时,译文如过分强调与原文形式上保持一致,而再现原文句式的异常形式,这样不仅会使原文修辞功能受到破坏,而且也易导致译文内容出现差错。② 因此,应首先熟悉辞格的特点及应用,从修辞角度分析原文句式结构,领会原文深层语义,依据原文句式结构灵活调整译文句式,最大限度地为原文修辞找到最贴切、最自然的功能对等语,实现中医药文化的有效传播。

---

① 杨琦. 英汉"反复"修辞格对比分析及翻译探究[J]. 教育教学论坛,2017(18):229-230.
② 杜福荣,张斌,王治梅.《内经》常见句式变化修辞格英译[J]. 中西医结合学报,2010,8(10):997-1000.

## 第二节 对 偶

对偶是用字数相等、句法相似的语句表达相反或相关的意思。① 对偶辞格为汉语独有,不仅增添了语言的形式和韵律美,而且显示汉语特有的文化色彩。②《黄帝内经》中大量使用对偶手法,体现了语言的诗性美。

### 一、对偶的概念

对偶最初用于表示两种事物或思想的相对。晋代张湛注解《列子》时便提到"必举美恶之极以相对偶者也",以美恶二者相对,体现了古代朴素辩证法思想。北齐颜之推在《颜氏家训·书证》中言"属文者对耦","对耦"即对偶,开始有了修辞色彩。南北朝时期,刘勰在《文心雕龙》中以"丽辞"之名对对偶进行了追溯与分类。唐代,对偶又有了"俪辞""对语"等说法。宋代,对偶作为一种修辞方式经常出现在文学作品中,这一时期,不论是在理论方面还是在实践方面,对偶已发展成熟。元明清以降,"对偶"一词作为修辞方式一直用于实践和理论评述中。现当代时期,对偶的理论研究更加成熟,无论是从修辞内部(定义、分类等)还是从修辞外部(对比修辞格、修辞格与语体等)都逐渐深刻化。陈望道在《修辞学发凡》中将对偶定义为"用字数相等,句法相似的两句,成双作对排列成功的两句"③。现当代以来,学界对偶的研究视角也逐渐拓宽,从语言到文化、认知、心理、哲学等领域,呈现多元化趋势。

---

① 辞海编辑委员会. 辞海(缩印本)[Z]. 上海:上海辞书出版社,1980:488.
② 李苹,施蕴中.《黄帝内经》对偶辞格研究[J]. 时珍国医国药,2009,20(10):2578-2579.
③ 陈望道. 修辞学发凡[M]. 上海:复旦大学出版社,2008:162.

## 二、对偶的分类

魏晋南北朝时期,对偶的分类研究有了重大进展。刘勰在《文心雕龙·丽辞》中将对偶分为言对、事对、正对、反对四种。入唐之后,有关诗格的著述大多论及对偶及其分类,其中又以上官仪和皎然的论述最具代表性。上官仪先后提出"六对""八对"之说,皎然在《诗仪》一书中举例说明当时通行的六种对偶,还提出另外八种对偶。① 现当代时期,学界开始深入研究对偶的分类,标准不同,其分类也不同。按性质分,有正对和反对两种。② 两句意义相似的称为正对,两句相互补充衬托,相辅相成;两句意义相反则为反对,两句相互对照,对立统一,相反相成。按上下联的关系区分,有串对和平对两种。③ 串对是指上下句的语义具有承接、转折、递进、因果、条件等逻辑关系,又称流水对;平对是指对偶的两句在逻辑语义上存在平行并列关系,没有主次、轻重之别,不具有承接、转折、递进、因果、假设、条件等关系。从上下句之间的逻辑关系来看,正对与反对都属于平对。为便于研究,笔者将《黄帝内经》中的对偶辞格按照其性质分为正对和反对两类。

## 三、《黄帝内经》与对偶

### (一)正对

南宋陈骙在《文则》中所说的"有事相类而对偶者",即正对对偶。正对对偶可细分为单句正对、复句正对和正对的连用。《黄帝内经》运用正对对偶,既能相互补充、相互衬托,又能使所述内容更加深刻。

---

① 冯兴炜.对偶与对联[M].青岛:青岛出版社,2011:35-36.
② 班兆贤.《黄帝内经》修辞研究[M].北京:中医古籍出版社,2009:142.
③ 班兆贤.《黄帝内经》修辞研究[M].北京:中医古籍出版社,2009:142.

1. 单句的正对

**例1** 是以嗜欲<u>不能劳其目,淫邪不能惑其心</u>,愚智贤不肖不惧于物,故合于道。(《素问·上古天真论》)

**例2** 悉哉问也,<u>天至广不可度,地至大不可量</u>,大神灵问,请陈其方。(《素问·六节藏象论》)

对偶的上下联不仅字数相等,而且结构相同,相对词的词性相同。例1中,"嗜欲"对"淫邪","劳其目"对"惑其心",共用语为"不能",经文论养生之道,不能受外界干扰。例2中,"天"对"地","广"对"大","度"对"量",共用语为"至"和"不可",言天地之广阔,代指道之深奥。

2. 复句的正对

**例1** <u>拘于鬼神者,不可与言至德。恶于针石者,不可与言至巧</u>。病不许治者,病必不治,治之无功矣。(《素问·五脏别论》)

**例2** 天以六为节,地以五为制。<u>周天气者,六期为一备;终地纪者,五岁为一周</u>。(《素问·天元纪大论》)

例1中,"拘"对"恶","鬼神"对"针石","德"对"巧",共用语为"于""者""不可与言""至",讨论什么样的病人不可治疗。例2中,"周天气"对"终地纪","六期"对"五岁","备"对"周",共用语为"者""为""一",解释了司天之气与司地之气。

3. 正对的连用

**例1** <u>法于往古,验于来今,观于窈冥,通于无穷</u>,粗之所不见,良工之所贵。(《灵枢·官能》)

**例2** 五运更治,上应天期,<u>阴阳往复,寒暑迎随</u>,真邪相薄,内外分离,<u>六经波荡,五气倾移</u>……(《素问·气交变大论》)

例1是两组单句的对偶:"法于往古,验于来今"为第一对,"观于窈冥,通于无穷"为第二对。经文提及要把前人的经验和现今的临床实践相结合,要仔细临床观察,注意疾病的细微病症。例2是两组复句对偶的间隔连用:"阴阳往复,寒暑迎随"为一对;"六经波荡,五气倾移"为一对,说明五运天气和阴阳寒暑的变化导致人体发生的病变。

## (二) 反对

刘勰《文心雕龙·丽辞》云:"反对者,理殊趣合者也。"《黄帝内经》运用反对式对偶,使语句相反相成、相互映衬,突出了事物的矛盾性及对立统一。①

### 1. 单句的反对

**例1** 闭户塞牖,系之病者,数问其情,以从其意,得神者昌,失神者亡。(《素问·移精变气论》)

**例2** 是以象之见也,高而远则小,下而近则大,故大则喜怒迩,小则祸福远。(《素问·气交变大论》)

例1上联的"得""昌"分别与下联的"失""亡"构成反对式对偶,"神者"是共用语,论述了诊治环境与察神的关系。例2是两组单句对偶,第一组对偶,上联"高""远""小"与下联"下""近""大"反对,共用语为"而"和"则";第二组对偶,上联"大""喜怒迩"与下联"小""祸福远"反对,共用语为"则",总结五星变化及其与地面物化的关系并解释运星在肉眼观察中为什么有大有小的原因,这是古人在观察天体星辰运行变化中的经验总结。

### 2. 复句的反对

**例1** 徐而疾则实者,徐出针而疾按之。疾而徐则虚者,疾出针而徐按之。言实与虚者,寒温气之多少也。(《素问·针解》)

**例2** 所谓五脏者,藏精气而不泻也,故满而不能实。六腑者,传化物而不藏,故实而不能满也。(《素问·五脏别论》)

例1是两个复句的反对,"徐而疾则实者"与"疾而徐则虚者"反对,"徐出针而疾按之"与"疾出针而徐按之"反对,共用语为"而""则""而""按之",论述针对虚实的不同情况,起针须有快有慢。例2是三个复句的反对,"五脏者"对"六腑者","藏精气而不泻"对"传化物而不藏","满而不能实"对"实而不能满",从阴阳关系、表里特色、转化转移等方面阐述五脏六腑藏、泄、满、实的功能。

---

① 张冉,姚欣.《黄帝内经》句式整齐辞格英译研究[J]. 时珍国医国药,2013,24(1):221-223.

3. 反对的连用

**例1** 岐伯曰:<u>升已而降,降者谓天;降已而升,升者谓地。天气下降,气流于地;地气上升,气腾于天。</u>故高下相召,升降相因,而变作矣。(《素问·六微旨大论》)

**例2** <u>阴胜则阳病,阳胜则阴病。阳胜则热,阴胜则寒。重寒则热,重热则寒。寒伤形,热伤气。气伤痛,形伤肿。故先痛而后肿者,气伤形也;先肿而后痛者,形伤气也。</u>(《素问·阴阳应象大论》)

例1是两组反对的连用,第一组是"升已而降,降者谓天;降已而升,升者谓地",第二组是"天气下降,气流于地;地气上升,气腾于天",连用反对式对偶解释了天气与地气的相互作用。例2是六组反对式对偶的集合,前五组是单句的对偶,最后一组是复句的对偶,连用六组反对式对偶,强调了人体内阴阳需要保持平衡,否则就会出现寒热问题。

(三) 对偶的作用

对偶是汉语特有的修辞方式,这种修辞方式可使文句形式上工整、结构上匀称、视觉上醒目、听觉上悦耳、有很强的感染力。[①] 对偶将两个意思相反或者相关的语句组合在一起,相互映衬,突出中心,达到更强有力的修辞效果。汉语的声调可以增强对偶的修辞效果,可以将文句组织得平仄协调、节奏鲜明。对偶不仅有助于表达内容、增添语言的形式美和音乐美,而且可以体现汉语特有的文化色彩。《黄帝内经》中对偶现象极为常见,若不深刻理解,常常造成训释错误,歧解原文。[②]《黄帝内经》中运用对偶,可以使内容精炼化,对偶以简洁的语言高度概括医理哲理;使形式美观化,对偶可以使语句齐整、结构匀称,使之看起来醒目美观;使语言音律化,对偶可以增强语句的节奏感,使后世学者和读者在捧书诵读、探求医理之时,还能感受到其诗性的节奏与韵律。[③]

---

① 李照国.《黄帝内经》的修辞特点及其英译研究[J]. 中国翻译,2011,32(5):69-73.
② 李苹.《黄帝内经》对偶辞格英译研究[D]. 南京:南京中医药大学,2009.
③ 王水香.《黄帝内经》文学性修辞手法探析[J]. 淮海工学院学报(人文社会科学版),2017,15(3):39-44.

## 四、《黄帝内经》对偶翻译的对比研究

### （一）正对的翻译

**例1** 是以<u>嗜欲不能劳其目，淫邪不能惑其心</u>。(《素问·上古天真论》)

李本：That is why <u>improper addiction and avarice could not distract their eyes and ears, obscenity and fallacy could not tempt their mind.</u> ①

文本：Hence, <u>cravings and desires could not tax their eyes. The excess evil could not confuse their hearts.</u> ②

吴本：As they are having a quiet and stable state of mind, <u>no desire can seduce their eyes, and no obscenity can entice their heart.</u> ③

例1是单句的正对，其中的"嗜欲"和"淫邪"是名词，"劳"和"惑"是动词。虽然三个译本采用了不同的表达方式，但都采用比较工整的表达形式。三个译本分别使用 improper addiction and avarice，cravings and desires，desire 准确地译出"嗜欲"的内涵，用 obscenity and fallacy，excess evil，obscenity 准确地译出"淫邪"的内涵，在准确传递内容的前提下，"嗜欲"和"淫邪"相对之义得到彰显。

**例2** <u>拘于鬼神者，不可与言至德。恶于针石者，不可与言至巧</u>。(《素问·五脏别论》)

李本：<u>Do not discuss medical theory with those who are superstitious; do not talk about the therapeutic skills with those who dislike acupuncture.</u> ④

---

① Li, Zhaoguo. *Yellow Emperor's Canon of Medicine Plain Conversation I* [M]. Xi'an: World Publishing Corporation, 2005: 5.

② Unschuld, P. U. & Hermann, Tessenow. *An Annotated Translation of Huang Di's Inner Classic—Basic Questions Volume I* [M]. Berkeley and Los Angeles: University of California Press, 2011: 35.

③ Wu, Liansheng & Wu, Qi. *Yellow Emperor's Canon of Internal Medicine* [M]. Beijing: China Science & Technology Press, 1997: 8.

④ Li, Zhaoguo. *Yellow Emperor's Canon of Medicine Plain Conversation I* [M]. Xi'an: World Publishing Corporation, 2005: 597.

文本：If someone is in the grip of demons or spirits, it is impossible to talk to [him] about perfect virtue. If someone has an aversion to needles and [pointed] stones, it is impossible to talk to [him] about perfect skill.①

吴本：If the patient is very superstitious in believing in ghosts and gods, it is not necessary to tell him the theory of treating; if the patient detests extremely the acupuncture and stone therapy, it is not necessary to tell him the skill related to the treating.②

例2是复句的正对。所谓"拘于鬼神者"即迷信鬼神，认为疾病由鬼神作祟而引起，三个译本分别用 superstitious, in the grip of demons or spirits, superstitious in believing in ghosts and gods 译出，但对"神"的理解有差异。"至德"是指"至深的道理"，所谓"不可与言至德"，就是"不能与之讨论至深的医学道理"，文本理解为"道德"，译作 perfect virtue，没有准确传递经文原义。"至巧"指精巧的医疗技术，所谓"不可与言至巧"，就是"不可以与之讨论精巧的医疗技术"，三个译本都使用 skill，准确翻译了"至巧"。

## （二）反对的翻译

**例1** 闭户塞牖，系之病者，数问其情，以从其意，得神者昌，失神者亡。（《素问·移精变气论》）

李本：[If] the Shen is not lost, the illness is curable; [if] the Shen is lost, the illness is incurable.③

文本：If one gets a hold of the spirit, the [patient] will prosper; if the spirit is lost, [the patient] perishes.④

---

① Unschuld, P. U. & Hermann, Tessenow. *An Annotated Translation of Huang Di's Inner Classic—Basic Questions Volume I* [M]. Berkeley and Los Angeles: University of California Press, 2011: 210.

② Wu, Liansheng & Wu, Qi. *Yellow Emperor's Canon of Internal Medicine* [M]. Beijing: China Science & Technology Press, 1997: 70.

③ Li, Zhaoguo. *Yellow Emperor's Canon of Medicine Plain Conversation I* [M]. Xi'an: World Publishing Corporation, 2005: 167.

④ Unschuld, P. U. & Hermann, Tessenow. *An Annotated Translation of Huang Di's Inner Classic—Basic Questions Volume I* [M]. Berkeley and Los Angeles: University of California Press, 2011: 230-231.

吴本：If the complexion of the patient is lustrous, and the pulse beat is calm, it is called the 'spiritedness', the disease can be healed. When the complexion of the patient has no lustre, and his pulse fails to correspond with seasonal variations, it is called the 'depletion of spirit', the disease can by no means be cured.①

例1是单句的反对。对于"神"的翻译，李本音译为 Shen，文本译作 spirit，吴本最为复杂，使用解释翻译法补充了大量信息。对于"得""失"的理解，李本最简单明了，便于理解，如把 not lost 换为 unlost，似乎在工整性上更为合适。对于"昌""亡"的理解，李本和吴本的译文更容易被国外读者所接受。从整体看，李本最为工整，而文本译文两句话的主句不一致，吴本译文两句话使用了不同的词进行引导，这两个译本都导致了译文的工整性有所欠缺。

**例2** 徐而疾则实者，徐出针而疾按之。疾而徐则虚者，疾出针而徐按之。（《素问·针解》）

李本：Slow and swift [needling technique] for enriching [Zhengqi (Healthy-Qi) means to] withdraw [the needle] slowly and press [the needled Acupoint] quickly. Swift and slow [needling technique] for reducing [Xie (Evil) means to] withdraw [the needle] quickly and press [the needled Acupoint] slowly.②

文本：As for 'slow and quick results in repletion', [that is,] slowly remove the needle and quickly press the [hole pierced]. As for 'quick and slow results in depletion,' [that is,] quickly remove the needle and slowly press the [hole pierced]. As for 'when one speaks of 'repletion and depletion'', these are [differences in the] quantities of cold and warm qi.③

---

① Wu, Liansheng & Wu, Qi. *Yellow Emperor's Canon of Internal Medicine* [M]. Beijing: China Science & Technology Press, 1997: 75.

② Li, Zhaoguo. *Yellow Emperor's Canon of Medicine Plain Conversation I* [M]. Xi'an: World Publishing Corporation, 2005: 125.

③ Unschuld, P. U. & Hermann, Tessenow. *An Annotated Translation of Huang Di's Inner Classic—Basic Questions Volume II* [M]. Berkeley and Los Angeles: University of California Press, 2011: 16.

吴本：The so-called 'slow first and then swift to cause sthenia' indicates after pulling the needle slowly, press and close the needle hole swiftly so that the healthy energy may not be excreted. The so-called 'swift first and then slow to cause asthenia' indicates after pulling the needle swiftly, leave the needle hole opened without pressing it so that the evil-energy can be dispersed. ①

例2是复句的反对。三个译本最大的区别在于对"实"和"虚"的翻译。李本把"实"译为 enriching [Zhengqi (Healthy-Qi)]，把"虚"译为 reducing [Xie (Evil)]；文本把"实"译为 repletion，把"虚"译为 depletion；吴本把"实"译为 cause sthenia，把"虚"译为 cause asthenia。对于"实"和"虚"，李本和吴本都补充信息加以解释，但吴本稍显冗余；文本理解不够准确，未能准确传递经文原义。就译文的工整性而言，三个译文在字数上、形式上和词性上基本上做到一致，李本在内容和形式的呈现上都比较完美地再现经文原义。

无论是正对对偶还是反对对偶，翻译时应仔细审度前后句间关系，在准确理解经文的基础上，变换词语以期最大限度地保留原文句式结构，传播中医典籍的语言文化风格。

## 五、对偶翻译对文化传播的启示

对偶整齐匀称，节律和谐优美，通过匀称的形式，把相关或相对的内容凝练地表现出来，具有概括力，鲜明地揭示事物的内在联系，反映事物对立统一的辩证关系。《黄帝内经》运用对偶辞格既能使句子整齐、匀称，又能增强语言的美感与质感，具有很高的文学价值，也蕴含着丰富的文化含义。由于对偶是汉语特有的修辞手段，译文不应过分强调与原文形式保持一致，从而去再现原文句式的异常形式，这样不仅会使原文修辞功能受到严重破坏，而且也

---

① Wu, Liansheng & Wu, Qi. *Yellow Emperor's Canon of Internal Medicine* [M]. Beijing: China Science & Technology Press, 1997: 245.

易导致译文内容出现差错。① 应根据实际情况灵活处理,熟悉辞格的特点及应用,从修辞格角度分析原文句式结构,领会原文深层语义,以阐释医理为要,必要时舍弃对偶句形式,实现意义上的对等,有效地传播中医医理和文化。

## 第三节 排 比

排比,又称叠排或排句,使行文有节奏感,朗朗上口,有极强的说服力,能增强文章的表达效果和气势。《黄帝内经》中多次使用排比,用于阐述阴阳之气、脏腑功能、病症表现、行医问诊等。

### 一、排比的概念

先秦时期,排比主要与语言交际、游说和辩论相关,言、文结合与言、文并重成为春秋战国时期修辞理论的一个特点。② 两汉时期,排比与题旨情境的关系得到进一步拓展。③ 魏晋南北朝时期,文学家对修辞的研究从尚质重用过渡到文质兼备,越来越关注修辞的审美性。宋代欧阳修提出了"事信言文"的修辞观④,陈骙称排比这一修辞具有"壮文势、广文义"之效⑤。现代陈望道在《修辞学发凡》中将排比定义为:"同范围同性质的事象用了结构相似的句法逐一表出的,名叫排比。"⑥ 用排比说理,条理分明,可以将道理阐述得透彻清晰;用排比抒情,节奏和谐,可以将感情表达得充盈丰满;用排比叙事,层次清楚,可以将人物描写得生动形象;用排比写景,细致入微,可以将景物刻画得入木三分。笔者认为,排比首先是一种修辞手法,其形式呈现出一种结构之美;排比也是一种

---

① 杜福荣,张斌,王治梅.《内经》常见句式变化修辞格英译[J]. 中西医结合学报,2010,8(10):997-1000.
② 袁晖,宗廷虎. 汉语修辞学史[M]. 太原:山西人民出版社,1995:10.
③ 袁晖,宗廷虎. 汉语修辞学史[M]. 太原:山西人民出版社,1995:32.
④ 袁晖,宗廷虎. 汉语修辞学史[M]. 太原:山西人民出版社,1995:127.
⑤ 班兆贤.《黄帝内经》修辞研究[M]. 北京:中医古籍出版社,2009:148.
⑥ 陈望道. 修辞学发凡[M]. 上海:复旦大学出版社,2008:163.

认知手段,通过使用相同的句式结构,加深人们对特定事物的认知,其本质是用反复凸显起到强调的作用。

## 二、排比的分类

排比主要用来阐明或比较意义相近的事物,使表达条理清晰、层次分明。根据不同的分类标准,排比的分类也不同。按照其句子成分划分,可分为主语排比、谓语排比、修饰语排比、补充语排比和分句排比。①《黄帝内经》中排比修辞的使用形式丰富且运用广泛。排比修辞常用于中医理论的论述中,特别是与证候、用药、疗效等方面相关的内容。阐明或比较意义相近的事物,使中医医理的表达条理清晰、层次分明,反映了中医整体观念和辨证论治的特色。为便于研究,基于其语法属性,笔者将排比分为词语排比、句子排比和段落排比三类。

## 三、《黄帝内经》与排比

### (一)词语排比

词语排比就是结构相同的单音词或双音词的多次使用。《黄帝内经》中用大量词语排比来阐释脏腑功能、病之形态、阴阳之气等。

**例1** 夫脉之<u>小大滑涩浮沉</u>,可以指别;五脏之象,可以类推……(《素问·五脏生成》)

**例2** 脾热病者,先<u>头重颊痛,烦心颜青,欲呕身热</u>……(《素问·刺热》)

例1中"小""大""滑""涩""浮""沉"为单音词排比,强调通过手指鉴别不同的脉象情况来判断患者的病情状况。例2中"头重""颊痛""烦心""颜青""欲呕""身热"构成了双音词排比,将脾热的不同表现形象地表达出来。

---

① 张弓. 现代汉语修辞学[M]. 石家庄:河北教育出版社,2014:156.

### (二）句子排比

句子排比就是结构相同的句式的多次使用。《黄帝内经》中大量使用句子排比,来阐释脉象常变、病之形态和季节变化等。

**例1**　毒药攻邪,<u>五谷为养,五果为助,五畜为益,五菜为充</u>……（《素问·脏气法时论》）

**例2**　<u>厥阴之客,以辛补之,以酸泻之,以甘缓之。少阴之客,以咸补之,以甘泻之,以咸收之。太阴之客,以甘补之,以苦泻之,以甘缓之。少阳之客,以咸补之。以甘泻之,以咸软之。阳明之客,以酸补之,以辛泻之,以苦泄之。太阳之客,以苦补之,以咸泻之,以苦坚之,以辛润之。</u>（《素问·至真要大论》）

例1为四个单句的排比,格式工整,语义连贯,跌宕起伏,形象生动。例句用排比的手法,阐述了这五类食物对脏腑的补益作用,人应结合不同的食物,根据四季的不同进行补益。例2为六个复句的排比,每个复句均由四个短句构成,句子整齐匀称,读起来朗朗上口、连贯通畅。通过六个复句,阐述了司天之气被邪气反胜所致之病的治疗方法,遵循君臣佐使之用药原则。

### （三）段落排比

段落排比是反复使用结构相同的段落。《黄帝内经》中有七十余处使用段落排比,阐释脉象常变与八方气候等内容。

**例**　<u>东方青色,入通于肝,开窍于目,藏精于肝,其病发惊骇,其味酸</u>……

<u>南方赤色,入通于心,开窍于耳,藏精于心,故病在五脏,其味苦</u>……

<u>中央黄色,入通于脾,开窍于口,藏精于脾,故病在舌本,其味甘</u>……

<u>西方白色,入通于肺,开窍于鼻,藏精于肺,故病在背,其味辛</u>……

<u>北方黑色,入通于肾,开窍于二阴,藏精于肾,故病在溪,其味咸</u>……

（《素问·金匮真言论》）

本例是五个段落的排比,每段又是三个短句的排比,其相应分句的结构相似。这五段排比条理清楚、说理透彻,阐述了五脏与方位的关系,预示了方位的不同对人体的影响,体现了中医预防为主的思想。段落结构工整,气势如虹,起到了反复强调的作用。

**(四) 排比的作用**

作为一种常见的修辞手法,排比在《黄帝内经》中得到了广泛运用。对五脏阴阳关系的描述以及对中医证候、用药、疗效等方面内容的阐释反映了中医整体观念和辨证论治的特点。排比使语言具有跌宕起伏、结构工整、形象生动的特点,将丰富多彩的中医文化呈现在读者面前。排比使《黄帝内经》在语言上得到美化、在说理上得到强化。

## 四、《黄帝内经》排比翻译的对比研究

**(一) 词语排比的翻译**

**例** 此五者,有<u>辛酸甘苦咸</u>,各有所利,<u>或散或收,或缓或急,或坚或软</u>,四时五脏,病随五味所宜也。(《素问·脏气法时论》)

李本:These five kinds of food have <u>pungent, sour, sweet, bitter and salty [flavors]</u> respectively and tonify [certain Zang-Organs or Fu-organs] <u>by means of dispersion or astringency, moderation or promptitude, hardening or softening</u>.①

文本:These five [grains, fruit, domestic animals, and vegetables] have <u>acrid, sour, sweet, bitter, and salty [flavors]</u>. Each exerts its [specific] benefit. <u>Some disperse, some contract; some relax, some tighten; some harden, some soften</u>.②

---

① Li, Zhaoguo. *Yellow Emperor's Canon of Medicine Plain Conversation I* [M]. Xi'an: World Publishing Corporation, 2008: 309.

② Unschuld, P. U. & Hermann, Tessenow. *An Annotated Translation of Huang Di's Inner Classic—Basic Questions Volume I* [M]. Berkeley and Los Angeles: University of California Press, 2011: 399-400.

吴本：The five tastes of acrid, sour, sweet, bitter and salty in various foods have their specific functions of dispersing, collecting, moderating, reinforcing and softening respectively.①

本例主要描述了五类食物对脏腑的补益作用。从修辞上看，该句由两组排比构成。第一组排比包含五个单音词，第二组排比由六个双音词组成，表达整齐匀称、连贯流畅。在翻译过程中，三个译本均保留了原句的排比修辞，但在遣词造句上有细微差异。首先，对于单音词排比的翻译，李本和文本使用增译法翻译五味，在译文中补充 flavors；吴本则在形式上有所差别，使用 of 结构翻译五味。其次，对于双音词排比的翻译，李本遵循原文的排比形式，使用"名词 or 名词"结构翻译；文本变换句式，将双音词排比译为句子排比；吴本并列使用现在分词来翻译原句中的双音词排比。相比之下，李本不仅忠实地保留了原句的语言结构与逻辑关系，而且通过对语料的理解、转换和加工，创造性地呈现了排比这一修辞格的美感。这种保留原文语言结构兼顾排比辞格的翻译方式较好地传递了经文美感和医学理论。

## （二）句子排比的翻译

**例** 厥阴之上，风气主之；少阴之上，热气主之；太阴之上，湿气主之……（《素问·天元纪大论》）

李本：[When] Jueyin [governs] the heavens, Fengqi (Wind-Qi) dominates [the season]; [when] Shaoyin governs the heavens, Reqi (Heat-Qi) dominates [the season]; [when] Taiyin governs the heavens, Shiqi (Damp-Qi) dominates [the season]…②

文本：What is above in ceasing yin years, the wind qi rules it. What is above in minor yin years, the heat qi rules it. What is above in

---

① Wu, Liansheng & Wu, Qi. *Yellow Emperor's Canon of Internal Medicine* [M]. Beijing: China Science & Technology Press, 1997: 127.

② Li, Zhaoguo. *Yellow Emperor's Canon of Medicine Plain Conversation II* [M]. Xi'an: World Publishing Corporation, 2008: 741.

major yin years, the dampness qi rules it ...①

吴本：The Jueyin is dominated by the wind-energy, the Shaoyin is dominated by the heat-energy, the Taiyin is dominated by the wetness-energy ...②

本例旨在描述三阳三阴与六气之间的辨证关系。从修辞上看,该句由三个复句构成排比,每个排比的复句都由两个分句组成,句子整齐匀称、连贯流畅。每个复句所共用的词语为"之上"和"主之",这种共同词语的运用增强了语气,使句子朗朗上口,起到了反复强调的作用。在翻译中,三个译本均保留了原句的修辞格式,在遣词造句上均使用了相同的句子结构进行反复强调,构成排比句,以加强语气。李本遵循原文意思,将第一个分句译为时间状语从句,符合英语的表达习惯,并清楚地阐述出两个分句之间的逻辑关系。文本使用了what引导的名词性从句来表达不同司天的意思,并用英语阐述了厥阴、少阴、太阴的意思,更注重其文化释义。吴本遵循英语语言的表达逻辑,将每一个复句简洁明了地翻译成英语单句。相比之下,李本更忠实于经文的语言结构和逻辑关系,呈现出排比修辞格的美感。

### (三) 段落排比的翻译

例　春三月,此谓发陈……广步于庭,被发缓形,以使志生,生而勿杀,予而勿夺,赏而勿罚,此春气之应,养生之道也……

夏三月,此谓蕃秀……使志无怒,使华英成秀,使气得泄,若所爱在外,此夏气之应,养长之道也……

秋三月,此谓容平……使志安宁,以缓秋刑,收敛神气,使秋气平,无外其志,使肺气清,此秋气之应,养收之道也……

冬三月,此谓闭藏……使志若伏若匿,若有私意,若已有得,去

---

① Unschuld, P. U. & Hermann, Tessenow. *An Annotated Translation of Huang Di's Inner Classic—Basic Questions Volume II* [M]. Berkeley and Los Angeles: University of California Press, 2011: 187.

② Wu, Liansheng & Wu, Qi. *Yellow Emperor's Canon of Internal Medicine* [M]. Beijing: China Science & Technology Press, 1997: 314.

寒就温，无泄皮肤，使气亟夺，此冬气之应，养脏之道也……

（《素问·四气调神大论》）

李本：… The three months of summer is the period of prosperity … [ People should ] sleep late in the night and get up early in the morning, avoiding any detestation with longer hot daytime and anxiety in life, trying to delight themselves and enabling Qi to flow smoothly …①

文本：… The three months of summer, they denote opulence and blossoming … Go to rest late at night and rise early. Never get enough of the sun. Let the mind have no anger. Stimulate beauty and have your elegance perfected. Cause the qi to flow away, as if that what you loved were located outside …②

吴本：… The period of three months of summer is called the season of flourishing as all the living things in the world are prosperous and beautiful … As Yang energy forms the vital energy of things and Yin energy shapes up things, the combination of vital energy and the shaping energy cause all living things on earth come into blossoming and yielding fruits …③

本例描述了四季养生之道。从修辞上看，这是四个段落的排比，每段又包含复句的排比，相应的分句结构基本相似。它们的共同词语为"此为""使……""以……"，这些共同词语的使用使得句子条理清晰、说理透彻。在翻译中，三个译文均保留了原段落的修辞格式，在遣词造句上均使用了同样的句子结构进行反复强调。李本遵循经文原意，将第一个句子的时间节点译为主语，突出时间的重要性；文本在翻译的过程中将时间节点译为时间状语从句，突

---

① Li, Zhaoguo. *Yellow Emperor's Canon of Medicine Plain Conversation I* [M]. Xi'an: World Publishing Corporation, 2008: 17 - 19.

② Unschuld, P. U. & Hermann, Tessenow. *An Annotated Translation of Huang Di's Inner Classic—Basic Questions Volume I* [M]. Berkeley and Los Angeles: University of California Press, 2011: 45 - 50.

③ Wu, Liansheng & Wu, Qi. *Yellow Emperor's Canon of Internal Medicine* [M]. Beijing: China Science & Technology Press, 1997: 13 - 14.

出人的主体性,侧重描述人在不同节气所从事的活动,更注重其文化释义;吴本遵循英语语言的表达逻辑,简洁明了地将复杂的汉语句子翻译出来,是对原文的一种直译。翻译美学中的审美标准是审美主体的一种特殊的"内在尺度",一方面是对形式美的要求,另一方面是对内容、意蕴美的要求。因此,审美主体在翻译排比修辞的时候应尽量保留原文的匀称、调和、均衡之美。

## 五、排比翻译对文化传播的启示

对于排比的翻译,译者必须贴近读者的文化习惯和审美方式,同时最大程度地保留语义的美感和节奏感,使句子具有层次感和气势。对于排比句的翻译,首先要再现医学理论,其次是审美效果和语篇功能。译者需分析排比的类型,判断排比项之间的语义关系,审视各排比项的规律及其修辞效果,基于等效翻译标准,采用直译法、增译法、省略法以及阐释性译法,再现排比的美学价值。同时,译者可以通过增译法对原文专业术语加以阐述,通过增加句子主语、丰富动词的使用等方式,保留原文的排比项排列规律,从而使得目的语读者既能明白医学原理,又能体验其审美价值,有效传递中医理论和文化。

## 第四节 层 递

层递,又称递进或层进,是运用结构相似的语句,层层递进地描写事物或阐明道理,以创造一种层次丰富的美感,是一种给读者留下深刻印象的语言表达策略。《黄帝内经》中多次使用层递修辞格,阐释脏腑功能、病症表现等。

### 一、层递的概念

先秦时期的修辞理论注重将运用语言的艺术与内容相联系,

要求层递修辞等言辞要有信实的内容,并与情理结合。① 宋代陈骙《文则·丁》云"文有上下相接,若继踵然",指的就是这种修辞方法,并解析为"积小至大""由精及粗""自流极原"。陈望道指出,层递是将语言按照从浅到深、从低到高、从小到大、从轻到重的顺序层层递进的一种辞格。② 段逸山认为,构成层递格一般应具备三个条件:一是有三个或三个以上可资比较的事物;二是这些事物之间具有大小、远近、轻重等差别;三是它们按照一定的排列次序呈现。③ 层递作为一种修辞,在形式上表现为语言之美,在本质上是层层递进阐明事实的一种语言表达。

## 二、层递的分类

层递通常可分为递升与递降两种。递升是按从小到大、从浅到深、从低到高、从轻到重等比例关系来排列诸事物;递降的排序则与递升相反。④ 如《孟子·公孙丑》中"天时不如地利,地利不如人和","天时""地利""人和"为三层比较的关系,且一层比一层重要,构成了从小到大的递升关系。在《孟子·梁惠王上》"万乘之国,弑其君者,必千乘之家;千乘之国,弑其君者,必百乘之家"中,"万乘""千乘""百乘"构成了由多到少、由重到轻的递降关系。无论是递升还是递降,层递都是一种强化语义印象的有效表达策略。对于层递的分类,也有学者提出了不同的观点,如唐钺在《修辞格》中设"阶升格"和"趋下格"两条,张弓在《中国修辞学》中立"升级"(也称"登梯式")与"降级"(又名"下梯式")两科,也可按照作者的意图所在,定为并列、主次和衬托三种。⑤ 为方便讨论,笔者将《黄帝内经》的层递分为递升、递降两类。

---

① 宗廷虎,李金苓. 修辞史与修辞学史阐释[M]. 济南:山东文艺出版社,2008:214.
② 陈望道. 修辞学发凡[M]. 上海:复旦大学出版社,2008:165.
③ 段逸山. 中医文言修辞[M]. 上海:上海中医学院出版社,1987:145.
④ 吴礼权. 语言策略秀[M]. 广州:暨南大学出版社,2013:113.
⑤ 段逸山. 中医文言修辞[M]. 上海:上海中医学院出版社,1987:145.

## 三、《黄帝内经》与层递

### （一）递升

**例1**　阴阳者,数之可十,推之可百;数之可千,推之可万;万之大,不可胜数,然其要一也。(《素问·阴阳离合论》)

**例2**　一候后则病,二候后则病甚,三候后则病危。(《素问·三部九候论》)

例1是说天地阴阳的应用范围极其广阔,一切相对事物和现象都可以用阴阳道理来推演,十、百、千、万层层递进,构成了递升关系。例2通过对九候脉异常的诊断来判断患者的病情状况。如有一候不一致,就是疾病的表现;如有二候不一致,就是病重的表现;如有三候不一致,病情就危重。一候、二候、三候这三层递进关系构成了递升,将九候异样跟病情状况的关系清晰地表现出来。

### （二）递降

**例1**　足阳明刺深六分,留十呼。足太阳深五分,留七呼。足少阳深四分,留五呼。足太阴深三分,留四呼。足少阴深二分,留三呼。足厥阴深一分,留二呼。(《灵枢·经水》)

**例2**　三阳为经,二阳为维,一阳为游部,此知五脏终始。三阴为表,二阴为里,一阴至绝作朔晦,却具合以正其理。(《素问·阴阳类论》)

例1阐述了针刺治疗时如何根据经脉的深浅远近以及气血多少,把十二经水与十二经脉结合起来。"呼"指呼吸,一呼指呼吸一次,"留十呼"是留针呼吸十次的时间。"深"代表针刺的深度。本例存在多个层递关系,通过六分、五分、四分、三分、二分、一分六层递降关系阐明足阳明、足太阳、足少阳、足太阴、足少阴、足厥阴的针刺深度。此外,十呼、七呼、五呼、四呼、三呼、二呼也构成了另一组递降关系。例2阐述了五脏阴阳关系。三阳为经,独统阳分;二阳为维,维络于前;一阳行身之侧,前后出入于二阳之间,为游部。懂得这个道理,便可由此类推,而知五脏之终始。三阴为表,二阴为里,一阴为阴尽,阴尽则阳生,如月之朔晦,合于天地阴阳终始之理。该句中存在多个层递关系,通过三阳、二阳、一阳、三阴、二阴、一阴构成了两组递降关系。

### (三) 层递的作用

古人广泛运用层递修辞,不仅可以实现语言表达的美感,也可以实现说理、叙事、抒情之效。其一,可以使说理过程层层深入,增强说服力,如运用层递描述五脏阴阳关系,由浅及深,使复杂的医理浅显化;其二,可以使事物发展变化的叙说过程清晰形象,如运用层递描述病情恶化的过程,由轻及重,使抽象的概念形象化;其三,可以使情感的抒发步步强烈,增强感染力,如运用层递探讨行医问道,加深读者对博大精深的中医文化的印象,深入浅出地将丰富多彩的中医文化呈现在读者面前。① 层递修辞的应用使《黄帝内经》在行文上更加美化,医学理论浅显易懂,概念清晰明了,令读者印象深刻。

## 四、《黄帝内经》层递翻译的对比研究

### (一) 递升的翻译

递升是按从小到大、从浅到深、从低到高、从轻到重等比例关系来排列诸事物的一种修辞手法,往往通过数字的递增或程度的改变来表现递升关系。

**例 1** 夫<u>一天、二地、三人、四时、五音、六律、七星、八风、九野</u>,身形亦应之,针各有所宜,故曰九针。(《素问·针解》)

表 4 是李本、文本、吴本对"一天、二地、三人、四时、五音、六律、七星、八风、九野"术语的翻译。

---

① 成伟钧,唐仲扬,向宏业. 修辞通鉴[M]. 北京:中国青年出版社,1991:621.

第四章 《黄帝内经》的章句修辞与翻译 ‖ 175

表4 "一天、二地、三人、四时、五音、六律、七星、八风、九野"译文

| 术语 | 李本① | 文本② | 吴本③ |
|---|---|---|---|
| 一天 | firstly to the heavens | one [is] heaven | one corresponds with heaven |
| 二地 | secondly to the earth | two [is] the earth | two corresponds with earth |
| 三人 | thirdly to human beings | three [is] man | three corresponds with man |
| 四时 | fourthly to the four seasons | four [are the] seasons | four corresponds with the four seasons |
| 五音 | fifthly to the five scales | five [are the] tones | five corresponds with the five notes |
| 六律 | sixthly to the six pitches | six [are the] pitch pipe tones | six corresponds with the six rules in poem prescribing rhymes and syllables which regulate each other |
| 七星 | seventhly to the seven stars | seven [are the] stars | seven corresponds to the seven stars |
| 八风 | eighthly to the eight kinds of wind | eight [are the] winds | eight corresponds to the eight kinds of wind |
| 九野 | ninthly to the nine geographical divisions | nine [are the] fields | nine corresponds to the nine open fields |

例1主要描述了九针与天地四时阴阳之间的辩证关系。九针中，一是应天，二是应地，三是应人，四是应四时，五是应五音，六是应六律，七是应七星，八是应八风，九是应九野，人的形体也是与其相适应。九针各有不同的用途，故名为"九针"。从修辞格上看，该句为递升关系，句子整齐匀称、连贯流畅。在翻译过程中，三译

---

① Li, Zhaoguo. *Yellow Emperor's Canon of Medicine Plain Conversation II* [M]. Xi'an：World Publishing Corporation, 2005：601.

② Unschuld, P. U. & Hermann, Tessenow. *An Annotated Translation of Huang Di's Inner Classic—Basic Questions Volume II* [M]. Berkeley and Los Angeles：University of California Press, 2011：21.

③ Wu, Liansheng & Wu, Qi. *Yellow Emperor's Canon of Internal Medicine* [M]. Beijing：China Science & Technology Press, 1997：247.

本均保留了原句的修辞,在遣词造句上均使用了层层递升的数字表达,使人们的认识层层深入。李本遵循原文意思,将九针译为主语,将递升的数字译为状语,符合英语表达习惯,清楚地阐述出递升的逻辑关系。文本将数字作为主语,使用增译法将九针译为九个短句,以表达递升关系,结构较为简单。吴本遵循英语表达逻辑,先总体介绍,再一一呈现,简洁明了地将每一个意群译成一个英语单句。相比之下,李本更好地体现了原文的语言结构和逻辑,以及层递修辞之美。

**例 2** 女子<u>七岁</u>,肾气盛,齿更发长。<u>二七</u>而天癸至,任脉通,太冲脉盛,月事以时下,故有子。<u>三七</u>,肾气平均,故真牙生而长极。<u>四七</u>,筋骨坚,发长极,身体盛壮。<u>五七</u>,阳明脉衰,面始焦,发始堕。<u>六七</u>,三阳脉衰于上,面皆焦,发始白。<u>七七</u>,任脉虚,太冲脉衰少,天癸竭,地道不通,故形坏而无子也。(《素问·上古天真论》)

例 2 主要描述了身体状态的自然规律。从修辞看,经文中二七、三七、四七、五七、六七、七七构成递升关系,形成了对人的生长发育的规律性认识,即随着年龄的增长,人体由弱及强再由盛转衰。三个译本如表 5 所示。

表 5 女子"七七"相关术语译名

| 术语 | 李本① | 文本② | 吴本③ |
| --- | --- | --- | --- |
| 七岁 | at the age of seven | at the age of seven | she is seven |
| 二七 | at the age of fourteen | two times seven | at the age of fourteen (2×7) |
| 三七 | at the age of twenty-one | three times seven | by the age of twenty-one (3×7) |

---

① Li, Zhaoguo. *Yellow Emperor's Canon of Medicine Plain Conversation I* [M]. Xi'an: World Publishing Corporation, 2005: 5-7.

② Unschuld, P. U. & Hermann, Tessenow. *An Annotated Translation of Huang Di's Inner Classic—Basic Questions Volume I* [M]. Berkeley and Los Angeles: University of California Press, 2011: 36-39.

③ Wu, Liansheng & Wu, Qi. *Yellow Emperor's Canon of Internal Medicine* [M]. Beijing: China Science & Technology Press, 1997: 9.

续表

| 术语 | 李本 | 文本 | 吴本 |
|---|---|---|---|
| 四七 | at the age of twenty-eight | four times seven | by the age of twenty-eight (4×7) |
| 五七 | at the age of thirty-five | five times seven | after the age of thirty-five (5×7) |
| 六七 | at the age of forty-two | six times seven | by the age of forty-two (6×7) |
| 七七 | at the age of forty-nine | seven times seven | after the age of forty-nine (7×7) |

在翻译中，三个译本均保留了原段落的修辞格式，在遣词造句上均保留了层递关系的语义。李本遵循原文，将女子的年龄译为介词短语，并对二七、三七、四七、五七、六七、七七的文化意义进行阐述，便于读者对原文的理解；文本在翻译的过程中直译二七、三七、四七、五七、六七、七七，突出了"七的倍数"这一概念；吴本遵循英语语言的表达逻辑，简洁明了地将复杂的汉语句子用英语短句翻译出来，弱化了主语"人"的作用，是对原文的一种直译。根据审美主体原则，在翻译层递修辞的时候，应尽量保留原文的层递关系之美。李本尽量保留原文形式上的匀称、调和之美，兼顾文化释义，文本简洁易懂，吴本直译，在一定程度上牺牲了中国的文化色彩。

**（二）递降的翻译**

递降是按从大到小、从深到浅、从高到低、从重到轻等比例关系来排列诸事物的一种修辞手法，往往通过数字的递减或程度的改变来表现递降关系。

**例** 人年<u>五十已上为老，二十已上为壮，十八已上为少，六岁已上为小</u>。（《灵枢·卫气失常》）

**李本**：People <u>over the age of 50 are old, over the age of 20 are at the prime of life, over the age of 18 are young and over the age of 6 are small</u>.[①]

---

① Li, Zhaoguo. *Yellow Emperor's Canon of Medicine Spiritual Pivot II* [M]. Xi'an: World Publishing Corporation, 2008：703.

文本:When someone's age is 50 and above, he is old; 20 and above, he is strong; 18 and above, he is young; 6 and above, he is very young.①

吴本:When one is more than fifty, he is old; when he is more than twenty, he is robust; when he is more than eighteen, he is young, when he is more than six, he is infantile.②

本例描述了老壮少小的差异。从修辞看,经文由两组四层递降关系构成:第一组递降关系的词语为"五十""二十""十八""六",这些词语表达了年龄的递降;第二组递降关系为"老""壮""少""小",这些词语体现了人体状态的递降。在翻译中,三个译本均保留了原句的修辞,在遣词造句上均使用了同样的句子结构进行递降表达。李本遵循原文意思,将年龄的递降关系用定语的形式表达,人体状态则译为表语,符合英语表达习惯,并清楚地阐述出四个句子之间的逻辑关系。文本在翻译的过程中使用时间状语从句表达年龄,将人体状态译作主句,用英语阐述了"老""壮""少""小"的意思,更注重其文化释义。吴本与文本大致相同。笔者认为,层递的翻译当以阐释医理为先,兼顾中医文化,保留原句的语言结构呈现修辞之美。

## 五、层递翻译对文化传播的启示

层递关系易于在译文中再现,三个译本均呈现了原文的层递修辞。译文大多词形对称、结构对等,体现出较高的审美价值,贴近目的语读者的文化习惯和审美方式。鉴于层递辞格结构上的工整,译者可依托原文形式,采用直译法为主,综合使用增译法、省略法以及阐释性译法进行翻译。准确翻译传统中医文化中的层递辞格,有利于传统中医理论的传承和中医文化的传播。

---

① Unschuld, P. U. *Huang Di Nei Jing Ling Shu: The Ancient Classic on Needle Therapy* [M]. Berkeley and Los Angeles: University of California Press, 2016:542.
② Wu, Liansheng & Wu, Qi. *Yellow Emperor's Canon of Internal Medicine* [M]. Beijing: China Science & Technology Press, 1997:730.

## 第五节 顶 针

顶针,又称顶针、联珠、蝉联等,是用前一句的结尾来做后一句的开头,使邻接的句子头尾蝉联而有上递下接趣味的一种修辞手法。顶针上递下接,一句蝉联一句,既能揭示前后两个事物之间的连锁关系,又能使句句紧扣,语气紧凑有力。[1]《黄帝内经》中多次使用顶针修辞表达医学原理。

### 一、顶针的概念

先秦时期为顶针辞格的萌芽期。这一时期,诗歌体的顶针格主要见于《诗经》,只有单蝉式一类[2];散文体的顶针格更为发达,几乎成为历史发展之最[3]。顶针在两汉得到初步发展,多存在于五言诗歌与乐府民歌中,出现了双蝉式。[4] 唐宋时期是顶针的发展期,顶针辞格在诗词曲领域有了进一步发展,在散文体领域却呈减弱态势。[5] 明清时期,顶针辞格的运用不及以前广泛,但也出现了新的变化,如出现了句句蝉联和全书均为连环体的专著。[6] 现代顶针辞格的发展呈现出使用频次日益增高、可见于各类文体中、使用形式愈发简化、单蝉式占绝对优势的特点。[7] 笔者认为,顶针是一种修辞,在形式上表现为语言的趣味性,通过对上下文的对接,起到勾上连下、自然流畅的表达效果。

---

[1] 班兆贤.《黄帝内经》修辞研究[M].北京:中医古籍出版社,2009:175.
[2] 宗廷虎,李金苓.修辞史与修辞学史阐释[M].济南:山东文艺出版社,2001:36-37.
[3] 宗廷虎,陈光磊.中国修辞史[M].长春:吉林教育出版社,2007:1561.
[4] 宗廷虎,李金苓.修辞史与修辞学史阐释[M].济南:山东文艺出版社,2001:37.
[5] 宗廷虎,陈光磊.中国修辞史[M].长春:吉林教育出版社,2007:1562.
[6] 宗廷虎,陈光磊.中国修辞史[M].长春:吉林教育出版社,2007:1562.
[7] 宗廷虎,陈光磊.中国修辞史[M].长春:吉林教育出版社,2007:1563.

## 二、顶针的分类

顶针在中医古籍中广泛使用,段逸山在《中医文言修辞》中将顶针分为紧顶式和间顶式两类。① 紧顶式指的是下一句的句首与上句的句末直接相联。例如,《左传·隐公三年》曰:"夫宠而不骄,骄而能降,降而不憾,憾而能胗者,鲜矣。""骄""降""憾"蝉联了四个分句,每一句的句尾均是下一句的开头,逐句衔接,承递之趣跃然纸上。间顶式不是以上句的结尾作下句的起头,而是以上句中间的某个词作为下句的开端,或以上句的末尾作为隔句的端绪,从而展现一种跳跃相承的文势,如《伤寒论·辨脉法》中的第33条:"脉浮而滑,浮为阳,滑为实,阳实相搏,其脉数疾,卫气失度,浮滑之脉数疾,发热汗出者,此为不治。"其中,第二、三句的首字"浮"与"滑"分别间顶首句的"浮"与"滑",第四句的句首两字"阳"和"实"分别间顶第二、三句的末字"阳"与"实"。② 基于《黄帝内经》的语言特点,本书将顶针分为紧顶式和间顶式两种。

## 三、《黄帝内经》与顶针

### (一) 紧顶式

紧顶式就是下句的句首与上句的句末直接相联,每一句的句尾均是下一句的开头,逐句衔接,承递之趣跃然纸上。《黄帝内经》中多用紧顶式描述事物之间的内在联系和因果关系。

**例1** ……所以任物者谓之心,心有所忆谓之意,意之所存谓之志,因志而存变谓之思,因思而远慕谓之虑,因虑而处物谓之智……(《灵枢·本神》)

例1主要论述心脏形成意、志、思、虑、智的整个过程以及它们

---

① 段逸山.中医文言修辞[M].上海:上海中医学院出版社,1987:149.
② 段逸山.中医文言修辞[M].上海:上海中医学院出版社,1987:151-152.

之间的联系。担当支配事物功能的中枢是心。心对往事的回忆叫意,意久存向往来事为志。为实现志向,反复思考斟酌的过程叫作思。在思考的基础上,对未来成败的思考叫作虑。经深谋远虑而巧妙处理事物的过程叫作智。"心""意""志""思""虑"这五个词蝉联了六个分句,构成紧顶式的顶针修辞。

**例 2** 寒气化为<u>热</u>,<u>热</u>胜则腐肉,肉腐则为<u>脓</u>,<u>脓</u>不泻则<u>烂筋</u>,<u>筋烂</u>则伤骨,骨伤则髓消,不当骨空,不得泄泻,血枯空虚,则筋骨肌肉不相荣,经脉败漏,熏于五脏,脏伤故死矣。(《灵枢·痈疽》)

例 2 主要阐述了人体痈肿形成的原因与过程。寒气久郁化热,热毒盛炽,使肌肉腐烂。肉腐会化脓,脓汁不能排泄,又使筋膜腐烂。筋烂导致伤骨,骨髓也就随着消损。如果痈肿不生在骨节空隙之处,骨中的热毒就不得排泄,煎熬血液令其枯竭,使筋骨肌肉都得不到营养。经脉败漏,使热毒得以深入,灼伤五脏,脏伤则使人亡。"热""肉""脓""筋""骨"五个蝉联词和六个分句将病灶恶化的过程环环相扣地表达出来。

### (二)间顶式

间顶式不是以上句的结尾作为下句的起头,而是以上句中间的某个词作为下句的开端,或以上句的末尾作为隔句的端绪,从而展现一种跳跃相承的文势。①《黄帝内经》中多用间顶式描述内在联系和阐述不同脉象所主的病证。②

**例 1** 气至之谓<u>至</u>,气分之谓<u>分</u>,<u>至</u>则气同,<u>分</u>则气异,所谓天地之正纪也。(《素问·至真要大论》)

例 1 阐述了气与至、分之间的逻辑关系。气来叫作"至",气去叫作"分"。气至之时其气是相同的,气分之时其气是不同的,这就是天地的一般规律。第三个分句的首字"至"与第一个分句的尾字"至"间接顶针,第四个分句的首字"分"与第二个分句的尾字"分"间接顶针,展现出一种跨跃相承的文势。

---

① 段逸山. 中医文言修辞[M]. 上海:上海中医学院出版社,1987:151.
② 段逸山. 中医文言修辞[M]. 上海:上海中医学院出版社,1987:151.

**例2** 故犯贼风虚邪者,<u>阳受之</u>;食饮不节起居不时者,<u>阴受之</u>。<u>阳受之</u>则<u>入六腑</u>,<u>阴受之</u>则<u>入五脏</u>。<u>入六腑</u>则身热不时卧,上为喘呼;<u>入五脏</u>则䐜满闭塞,下为飧泄,久为肠澼。(《素问·太阴阳明论》)

例2阐述阴阳受损所导致的不同疾病。当受到虚邪贼风的侵犯时,阳气首当其冲。饮食没有节制,起居没有规律,则阴气首先受到损伤。阳受邪则传入六腑,阴受邪则传入五脏。邪入六腑,则出现全身发热,不得安卧,气上逆喘急。病入五脏,则出现胀满,痞塞不通,下而大便泄泻,完谷不化,日久则形成肠澼病。该句所用间顶式较为复杂,为双层间联。第一分句末尾的"阳受之"向下遥跨顶针第三分句的开头"阳受之";第三分句末尾的"入六腑"向下遥跨顶针第五分句的开头"入六腑";第二分句末尾的"阴受之"向下遥跨顶针第四分句开头的"阴受之";第四分句末尾的"入五脏"向下遥跨顶针第六分句开头的"入五脏"。这种间接式的顶针节奏感强,体现了《黄帝内经》的文学特征。

### (三) 顶针的作用

顶针形成的基础是思想上、语言上的上递下接,在提升语言连贯性方面具有独特的作用。同时作为一种修辞手段,顶针给人一种音美与形美的感受。①《黄帝内经》是我国古代医学瑰宝,同时具有很强的文学性。古人在追求语言表达美感的同时,广泛运用顶针修辞将抽象的理论趣味化,从而使得书中复杂的医理便于理解。

## 四、《黄帝内经》顶针翻译的对比研究

### (一) 紧顶式的翻译

**例1** 病在肝,愈于<u>夏</u>,<u>夏</u>不愈,甚于<u>秋</u>,<u>秋</u>不死,持于冬,起于春,禁当风。(《素问·脏气法时论》)

---

① 宗廷虎,李金苓. 修辞史与修辞学史阐释[M]. 济南:山东文艺出版社,2008:101.

李本：Disease of the liver heals in summer. If failing to heal in summer, it will be worsened in autumn. If it does not lead to death in autumn, [it will be] stable in winter and improved in spring. [It is important] to avoid wind.①

文本：When a disease is in the liver, it will heal in summer. If it does not heal in summer, it will become serious in autumn. If [the patient] does not die in autumn, [the qi] will be maintained throughout winter. [The patient] will rise in spring. He must avoid to encounter wind.②

吴本：When the disease is in the liver, it could be recovered in summer, if it is not recovered it will become aggravated in autumn, if the patient does not die in autumn, the disease will become protracted in winter, and the patient can only be picked up in spring of next year when the wood energy is prosperous, but the patient must take good care of avoiding wind-evil.③

例1主要描述了肝脏之病与四时的关系，指出了相关的禁忌与预后。从修辞格上看，经文为紧顶式的顶针，读起来连贯流畅，为文章增添气势。在翻译中，由于汉英表达的差异，顶针修辞往往很难在译文中得以体现。三个译本均较清晰地传达了经文原意，李本将夏秋译为时间状语，在相应的分句中进行时间状语的重叠，如在结构上进行调整，将后一句的时间状语放在句首，与前一句末尾的时间状语进行呼应，则最大程度上保留了原文的紧顶式修辞手法。文本和吴本在结构上却没有体现出顶针这一辞格。

**例2** 四肢者诸阳之本也，阳盛则四肢实，实则能登高也。(《素问·阳明脉解》)

---

① Li, Zhaoguo. *Yellow Emperor's Canon of Medicine Plain Conversation I* [M]. Xi'an: World Publishing Corporation, 2005: 299 – 300.

② Unschuld, P. U. & Hermann, Tessenow. *An Annotated Translation of Huang Di's Inner Classic—Basic Questions Volume I* [M]. Berkeley and Los Angeles: University of California Press, 2011: 386 – 387.

③ Wu, Liansheng & Wu, Qi. *Yellow Emperor's Canon of Internal Medicine* [M]. Beijing: China Science & Technology Press, 1997: 122.

李本: The four limbs are the roots of Yang. If Yang is <u>superabundant</u>, the four limbs become very <u>strong</u> and mange to climb onto high places. ①

文本: The four limbs are the basis of all yang. When the yang abounds, then the four limbs are <u>replete</u>. When they are <u>replete</u>, then one is able to climb on something high. ②

吴本: The four extremities are the foundations of all Yangs, when the Yang energy is overabundant, the extremities will be <u>sthenic</u>, and when the extremities are <u>sthenic</u>, the patient will be able to climb up to a high place. ③

例2描述了阳气与四肢之间的关系。从修辞格上看,经文为紧顶式的顶针,其中"实"字联珠两个分句,突出了因果关系:因为阳盛,所以四肢结实;因为四肢结实,所以可以登高。李本分别用superabundant、strong体现四肢之"实",文本分别重复使用replete、sthenic体现汉语顶针的修辞特点。笔者认为,顶针这种修辞格很难恰如其分地在英语中体现出来,但部分素材经过译者的加工,可以在一定程度上展现该辞格的结构。

## (二)间顶式的翻译

**例1** 气<u>至</u>之谓<u>至</u>,气<u>分</u>之谓<u>分</u>,<u>至</u>则气同,<u>分</u>则气异,所谓天地之正纪也。(《素问·至真要大论》)

李本: The arrival of Qi is called <u>Zhi</u> while the separation of Qi is called <u>Fen</u>. When <u>coming</u>, <u>Qi</u> is the same; when <u>separated</u>, <u>Qi</u> is different. This is the general principle of the heavens and the earth. ④

---

① Li, Zhaoguo. *Yellow Emperor's Canon of Medicine Plain Conversation I* [M]. Xi'an: World Publishing Corporation, 2005:397.

② Unschuld, P. U. & Hermann, Tessenow. *An Annotated Translation of Huang Di's Inner Classic—Basic Questions Volume I* [M]. Berkeley and Los Angeles: University of California Press, 2011:489.

③ Wu, Liansheng & Wu, Qi. *Yellow Emperor's Canon of Internal Medicine* [M]. Beijing: China Science & Technology Press, 1997:157-158.

④ Li, Zhaoguo. *Yellow Emperor's Canon of Medicine Plain Conversation III* [M]. Xi'an: World Publishing Corporation, 2005:1215.

文本: When the qi is extreme, this is called "extreme" (i. e., "solstice"); when the qi is divided, this is called "division", (i. e., equinox). At [the time of] "extreme", the qi are homogenous; at [the time of] "division", the qi are heterogenous. This is the so-called "proper arrangement of heaven and earth". ①

吴本: When the energy arrives, it is solstice, when the energy divides, it is equinox. In solstice, the energies are the same, in equinox, the energies are different, and this is the common law of heaven and earth. ②

例1 阐述了至与分之间的关系。从修辞上看,"至"与"分"间联四个分句。三个译本努力呈现原文所用顶针修辞:对于"气"的翻译,李本和文本使用音译法,符合中医英译的趋势;对于"至"与"分"的翻译,由于译者理解的差异,李本采用音译法,文本使用 extreme 和 division, 吴本用 solstice 和 equinox。"分"是春分、秋分之二分的合称,"至"是冬至、夏至之二至。基于此,笔者认为,吴本更加准确地传递了经文原意,且将间顶式的顶针修辞呈现出来,形义兼得。

**例2** 诸过者切之,涩者阳气有余也,滑者阴气有余也。阳气有余为身热无汗,阴气有余为多汗身寒,阴阳有余则无汗而寒。(《素问·脉要精微论》)

李本: Unsmooth pulse indicates excess of Yangqi, slippery pulse indicates excess of Yinqi. Excess of Yangqi leads to fever without sweating while excess of Yinqi results in …③

文本: In the case of rough, the yang qi is present in surplus; in the case of smooth, the yin qi is present in surplus. When the yang qi

---

① Unschuld, P. U. & Hermann, Tessenow. *An Annotated Translation of Huang Di's Inner Classic—Basic Questions Volume II* [M]. Berkeley and Los Angeles: University of California Press, 2011: 623 - 624.

② Wu, Liansheng & Wu, Qi. *Yellow Emperor's Canon of Internal Medicine* [M]. Beijing: China Science & Technology Press, 1997: 456.

③ Li, Zhaoguo. *Yellow Emperor's Canon of Medicine Plain Conversation I* [M]. Xi'an: World Publishing Corporation, 2005: 217.

is present in surplus, the body will be hot without sweating; when the yin qi is present in surplus …①

吴本：It shows the Yang-energy is more than enough; when the pulse is slippery, it shows the Yin-energy is more than enough. When the Yang-energy is more than enough, the body will be hot without sweat; when the Yin-energy is more than enough …②

例2阐述了脉象与阴阳的关系。从修辞上看，"阳气有余"和"阴气有余"分别为间接顶针。在翻译中，三种译本均在不同程度上保留了原句的修辞形式，在遣词造句上均使用了同样的句子结构，基本完成了顶针表达。李本将"阳气有余"和"阴气有余"译作名词短语，符合英语的表达习惯，并为后面的句子进行对前一句的顶针提供条件。名词短语既可以作为前一句的宾语，也可以作为后一句的主语，从而保留了顶针辞格的结构。文本虽将"阳气有余"和"阴气有余"译作名词短语，但缺少对顶针辞格的考究，每一个句子均将该名词短语译作主语。吴本意思表达虽比较清楚，但结构不够精炼。相比之下，李本不仅忠实地保留了原句的语言结构和逻辑关系，还通过对语料的理解、转换以及加工，将顶针辞格更为形象地凸显出来。基于此，笔者将间顶式翻译的原则概括为：保留原文结构，明确逻辑关系，突显形式美。

## 五、顶针翻译对文化传播的启示

汉语和英语分属不同语系，两种语言在语音、结构、语法等方面都有差异，这给在译文中再现顶针修辞带来了难度。在翻译中，应结合汉语与英语各自特点，最大程度保留经文的美感、节奏感和层次感，可以采用仿造法、合并法、增补法以及阐释性译法进行翻

---

① Unschuld, P. U. & Hermann, Tessenow. *An Annotated Translation of Huang Di's Inner Classic—Basic Questions Volume I* [M]. Berkeley and Los Angeles: University of California Press, 2011: 299.

② Wu, Liansheng & Wu, Qi. *Yellow Emperor's Canon of Internal Medicine* [M]. Beijing: China Science & Technology Press, 1997: 93.

译。句子层面的顶针修辞翻译可通过仿造法对原文顶针部分的词语表达进行加工,从而使得目的语读者既可以明白其主要内容,又可体验到其审美价值。同时,译者需要弄清楚联珠词的构成、位置和作用,从而将原文的逻辑关系准确表达出来,把握住句子的主要结构,并基于等效标准进行翻译。